阅读成就思想……

Read to Achieve

思考者 Thinker 系列

思想实验

EPISTEMOLOGY
50 PUZZLES, PARADOXES,
AND THOUGHT EXPERIMENTS

关于真知的50个谜题、悖论与思考

[美] 凯文·麦凯恩 ◎ 著　　胡芳培　曹明珠　杜慧 ◎ 译
（Kevin McCain）

中国人民大学出版社
· 北京 ·

图书在版编目（CIP）数据

思想实验：关于真知的50个谜题、悖论与思考 / （美）凯文·麦凯恩（Kevin McCain）著；胡芳培，曹明珠，杜慧译. -- 北京：中国人民大学出版社，2025.8.
ISBN 978-7-300-34164-4
Ⅰ．B017-49
中国国家版本馆 CIP 数据核字第 2025YX4127 号

思想实验：关于真知的50个谜题、悖论与思考
[美] 凯文·麦凯恩（Kevin McCain） 著
胡芳培　曹明珠　杜　慧　译
SIXIANG SHIYAN：GUANYU ZHENZHI DE 50 GE MITI、BEILUN YU SIKAO

出版发行	中国人民大学出版社		
社　　址	北京中关村大街31号	邮政编码	100080
电　　话	010-62511242（总编室）		010-62511770（质管部）
	010-82501766（邮购部）		010-62514148（门市部）
	010-62511173（发行公司）		010-62515275（盗版举报）
网　　址	http://www.crup.com.cn		
经　　销	新华书店		
印　　刷	北京联兴盛业印刷股份有限公司		
开　　本	720 mm×1000 mm　1/16	版　次	2025年8月第1版
印　　张	15.25　插页2	印　次	2025年8月第1次印刷
字　　数	180 000	定　价	89.90元

版权所有　　侵权必究　　印装差错　　负责调换

译者序
走进关于真知的"认识"

一提到哲学,许多人不禁会望而却步,油然生出高不可攀之感。事实上,哲学并不等于高头讲章,哲学家也没有在那里故作高深。哲学源于惊异,哲学最可贵的品质就是于无疑处见疑。哲学的思维方式是反思,为了阐明一个观点、一种立场,哲学家也会列举个案、构造情境,甚至展开思想实验。在古希腊时期,柏拉图通过描绘格劳孔与苏格拉底的对话,营构了一个理想的"洞穴",这就是哲学史上著名的思想实验之一。

从古希腊时期到今天,哲学一直处于流变的状态。就以认识论来说,德尔斐神庙内镌刻的"认识你自己",观照的是人本身,关切的是人之为人的本质规定性;笛卡尔提出的"我思故我在",观照的是人的"认识"本身,关切的是"认识你自己"的那个"认识";20世纪60年代,盖梯尔提出的两个经典案例对知识的传统定义构成了挑战,此后的知识论研究者观照的是真知的充要条件,关切的是关于真知的"认识"。

经过数十年的积累,自盖梯尔以来的当代知识论研究者创造的思想实验已经蔚为大观。凯文·麦凯恩的《思想实验:关于真知的50个谜

思想实验：关于真知的 50 个谜题、悖论与思考
EPISTEMOLOGY: 50 PUZZLES, PARADOXES, AND THOUGHT EXPERIMENTS

题、悖论与思考》便是分类遴选这些思想实验的集大成之作。我们应该如何看待这些思想实验？对此，陈嘉明教授说得好："在哲学中，思想实验所起的一个作用，是把思想的对象状况放大到一种非常极端的状态，例如'缸中之脑'那样，使问题在这种极端状态下暴露得更清楚，使人更容易看出问题所在。"研究者可以通过虚构反事实的故事展开思想实验，来反驳某些观点，进而达成论证的目标。

求知是人的天性，每个人都有求知欲。但是，如何才能获得真知，却是值得深究之事。希望每位读者都能具备对于求知过程的自觉意识，走进关于真知的"认识"。借由 50 个充满幽默感的故事，与作者一起进行哲学思考，进入哲学家构造的情境之中，一定能体会到哲学的无穷魅力。

胡芳培

前言

欢迎来到知识论的世界

欢迎来到知识论的世界！本书汇集了知识论中 50 个非常重要和讨论得十分广泛的谜题、悖论及思想实验。本书的章节是围绕主题进行分组的，不过读者可以按任意顺序阅读。此外，贯穿全书的交叉引用可以帮助读者将各个章节之间的相关之处联系起来。书中每个章节都包含一个对所描述的谜题、悖论或思想实验的主要回应的简要探讨，读者不仅可以了解示例本身，还可以了解知识论文献中呈现过的关于该示例的立场。

鉴于本书的框架结构，它可以通过多种方法用于知识论或通识哲学课程，甚至可以用于读者自学。一种方法是将本书与一本知识论教科书配对，这样学生就可以通过探索那些思想实验和谜题，激活教科书所涵盖的一般性理论。另一种方法是以本书为唯一的主文献，并以其章节来触发引人入胜的课堂讨论。当然，在课堂上或自学时，大家还可以有很多种方法来使用本书。书中每个章节的难度对知识论初学者而言都是适中的，同时其信息量也足够大。

我要感谢为这个项目提供过帮助的所有人。安迪·贝克（Andy

Baker）从一开始就热情地支持这个项目，我很高兴在出版过程的每个阶段都与他以及劳特利奇出版社的整个团队共事。亚当·卡特（Adam Carter）和乔恩·马西森（Jon Matheson）就书中几个章节的关键文献指点过我。麦迪·伯奇菲尔德（Maddie Burchfield）、皮特·格雷厄姆（Peter Graham）、尼古拉斯·范（Nikolas Pham）、帕克·罗斯（Parker Rose）、卡尔提克·萨达南德（Karthik Sadanand）、坦维·辛哈（Tanvee Sinha）和匿名审稿人为本书的初稿提供了非常有益的反馈意见。这个项目还欠泰德·珀斯顿（Ted Poston）一份特别的感激之情。他提出了本书的构想，当他确定无法成为我的合著者时，他勉励我独自一人写出来。最后，莫莉、凯森和华莱士给了我需要的爱和支持，这让我感到做任何项目都很值得。感谢你们！

当然，虽然我已经努力确保我在书中所写的全部主张都是准确的，并且相信这里面的每一个主张，但是肯定还会存在一些错讹。任何遗留的错讹都应当归咎于我自己，而不应归咎于上一段中提到的任何一位超棒的人。我认为我在书中所写的全部主张都是真的，与此同时我又认为书中存在一些错讹，如果你认为我同时接纳这两点很奇怪的话，那么敬请参阅本书"序言悖论"那一章的内容。

目录

第一部分 知识的本质

1 盖梯尔难题：升职和旅行中的友人 / 7
2 对盖梯尔难题的回应1：一个可怕的发现 / 13
3 对盖梯尔难题的回应2：一个奇异的县 / 17
4 克里普克的谷仓案例：红谷仓与蓝假面 / 22
5 知识功绩观：一名游客 / 26
6 理解：克万维格的科曼奇案例 / 29
7 无信念的知识：智力竞赛秀 / 32
8 认知封闭：德雷茨克的斑马 / 36
9 知识与奠基：迷信的律师索尔 / 40
10 语境主义：前往银行 / 46

第二部分 知识的限度

11 外部世界怀疑论：笛卡尔的魔鬼 / 53
12 梦境怀疑论：笛卡尔的梦 / 59
13 过去怀疑论：罗素的5分钟宇宙论 / 64
14 准则问题：笛卡尔的苹果分拣 / 69
15 信念基础怀疑论：削弱信念基础的魔鬼 / 73
16 彩票怀疑论：碰运气 / 77
17 信念偶然性：你相信它仅仅是因为…… / 82
18 反明亮性：是热还是冷 / 87

19　自举法/简易知识：一项打折扣的眼科检查　/　91
20　最佳解释推理：去角逐吧　/　96
21　理性决策理论：变革还是不变革　/　100
22　反物理主义的知识论证：玛丽看见了一个苹果　/　105

第三部分　辩护

23　新魔鬼难题：不幸的双胞胎　/　118
24　千里眼案例：神通能力　/　122
25　被遗忘的证据：牛油果是健康的，但我忘了为什么　/　126
26　存储信念难题：恹恹欲睡的学生　/　130
27　对适当功能主义的沼泽人反驳：来自沼泽的拜访者　/　134
28　未掌握的证据：错过演出　/　138
29　斑点鸡难题：一对母鸡　/　142
30　背景信念难题：观鸟　/　147
31　认知渗透：淘金热　/　151
32　对融贯主义的隔离/输入反驳：场外四分卫　/　155

第四部分　社会知识论

33　证言传递观（必要性）：不相信的教师　/　161
34　证言传递观（充分性）：一个阴谋　/　165
35　认知不公正（证言不公正）：他不可能知道　/　168
36　认知不公正（诠释不公正）：什么是骚扰　/　171
37　道德入侵：预期很少的小费　/　174
38　分歧（支持同等权重）：分摊账单　/　178
39　分歧（反对同等权重）：糟糕的数学　/　182
40　集体信念聚合：少数服从多数　/　185

第五部分 谜题和悖论

41 新归纳之谜（绿蓝悖论）：祖母绿的颜色 / 191
42 渡鸦悖论：一只黑色乌鸦 / 196
43 独断论谜题：超级碗比赛冠军 / 200
44 睡美人难题：一个奇怪的睡眠实验 / 205
45 意外测验悖论：测验哪天进行呢 / 210
46 可知性悖论：球和球棒的颜色 / 214
47 摩尔悖论：天在下雨，又没下雨 / 218
48 彩票悖论：亨利的100注彩票 / 222
49 序言悖论：严谨的学者 / 227
50 证据悖论：车祸与抢劫 / 231

第一部分

知识的本质

我们是怎样理解知识的

我们将从一些背景信息开始,帮助定位和阐明本书所探讨的特定谜题、悖论和思想实验。不过,对于书中的大部分章节而言,有必要让读者提前掌握一些关于知识的传统定义的整体背景。因此,我们先来回顾一下人们多年来是怎样理解知识的。

知识论者区分了三种主要的知识:亲知知识、能力知识和命题知识。尽管在本书的大部分内容当中,我们主要关注最后一种知识,但是快速浏览一下其他两种知识对我们理解命题知识也会有所帮助。

亲知知识是你对自己熟悉的人和事所拥有的知识。例如,假设你有一条狗,而你的新朋友弗雷德从未见过她。你告诉了弗雷德关于你的狗的各种事实:她是约克夏犬,她10岁了,等等。在你分享有关你的狗的这些信息以后,弗雷德会知道关于她的大量事实。可是,弗雷德并不认识你的狗。毕竟,弗雷德从来没有见过你的狗,也从不曾以任何方式与它互动过。弗雷德不如你那样了解你的狗。你对你的狗有亲知知识,但弗雷德没有。

能力知识不同于亲知知识,也有别于命题知识。能力知识是有关能力或技能的常识。你知道如何游泳;你知道如何投篮;诸如此类。你知道如何做某事,与获取亲知知识不同,与仅仅知道事实也不同。譬如,你也许知道有关游泳的各种事实,但是如果把你扔进深水里,你仍会有溺水的危险;相反,你也许是一名出色的游泳运动员,可是你也可能完全没有办法用有关游泳的事实来表现你的游泳能力。近来,学界出现了一种关于能力知识能否还原为事实知识的争论,不过,我们现在可以把

第一部分 知识的本质

这种争论先搁置一旁。因为在传统意义上,我们认为能力知识与事实知识是不同的。

命题知识(在接下来的章节中,我们将其简称为"知识")是对事实的知识。我们将这种知识称为"命题知识",是因为我们以思考命题的方式在心中表征这些事实。用最简单的术语来说,命题就是陈述句的意思。研究一下这三个陈述句:"The dog is brown""El perro es cafe""Der Hund ist braun"。这三个句子都是陈述句,但是它们有着很大的差别。它们包含着不同的单词,并且分属于不同的语言(分别为英语、西班牙语和德语)。然而,它们的意思都是"那条狗是棕色的"。它们的意思怎么可以是一样的呢?毕竟,这三个句子看起来完全不同。如果我们大声地念出这三个句子,那么它们听起来也完全不一样。这个问题的答案就是,虽然这三个陈述句在重要的方面有所不同,但是它们表述的是同一个命题(表示着同一个事实,即"那条狗是棕色的")。当你获取命题知识时,你所知道的是由命题所表示的事实(为简单起见,我们稍后将简称为"知道一个真命题")。这就是为什么一个说英语的人、一个说西班牙语的人和一个说德语的人,尽管会使用不同的句子表述"那条狗是棕色的"这一知识,但是他们知道同一条狗是棕色的。

现在,让我们进一步来看看命题知识的传统定义。这个理论有时候被称为"证-真-信"(JTB)理论,它指出,知道某个命题 p,就是获得一个证成的真信念 p。因而,为了使你知道 p,如"那条狗是棕色的",你必须相信 p,p 必须是真的,而且你对 p 的信念必须是证成的。这个理论也指出,任何时候只要你相信 p,p 为真,并且你对 p 的信念是得到证成的,你就知道 p。有必要简单审视一下传统知识定义中的这

3

三个组成部分。

信念。你也许会认为知识不需要信念。比如，有个人相信地球是平的，假设你与他争辩，你会振振有词地说："我不相信地球是球形的，我知道它是球形的！"如果我们因为你说了这句话，就认为"你实际上不相信地球是球形的"，那就会犯错。为什么呢？因为你的表现与相信地球是球形的人的表现是一致的。当被问到地球的外观是不是球体时，你的回答是肯定的。你愿意在你的推理过程中使用"地球是球形的"这个命题。比如，你推断由于地球是球形的，因此如果有人能沿着直线走得足够远，那么他最终会走到他出发的地方。因此，你之所以会说"我不相信地球是球形的，我知道它是球形的"这句话，最好的解释就是，你想强调"地球是球形的"不仅仅是你所相信的事情。你是在表明这是你有充分理由相信的事情，也就是说，你有充足的理由接受地球是球形的这一观点。为了更清楚地说明这个一般性的观点，再想想你的熟人弗雷德，他不仅不相信地球是球形的，实际上他还相信地球是平的。我们会说弗雷德知道地球不是平的吗？看起来并不会。相反，我们可能会说，他应当知道地球不是平的。弗雷德知道有各种各样的证据表明地球是球形的，但似乎他并不知道地球不是平的，因为他并不相信这一点。因此，传统的知识理论认为，信念对于知识来说是必不可少的。

真实。正如信念一样，人们也许会认为，知识并不要求真实。例如，当你们的球队输掉一场你以为会赢的重要比赛时，你或许会说"我只知道我们会赢"之类的话。表面上，你好像在说你知道一些假的东西——你曾经知道球队会赢，但是现在球队会赢是假的。可这是理解你此时所说的话的最佳方式吗？看起来不是。一种更好的解释是，你真正表达的是你曾经相信球队会赢的事实,或者你曾经认为你知道球队会赢。为了更清楚地理解这一点,让我们来想象一下这个场景:你与"地平论者"弗雷德下注,输家必须为对方遛狗。弗雷德赌芝加哥熊队会赢得一场指定的橄榄球比赛,而你则赌他们不会赢。假设芝加哥熊队输掉了比赛,你来收你的赌注,可弗雷德却说:"我知道他们赢了,所以你必须为我遛狗。"你会认为,即便芝加哥熊队输了,弗雷德也认为他们赢了吗?或者你会认为,弗雷德不知道自己在说些什么,并且需要去为你遛狗吗?想必你会得出这样的结论:无论弗雷德有多确信芝加哥熊队赢了,他事实上都不知道他们赢了。为什么不知道?因为"芝加哥熊队赢了"并不是事实。芝加哥熊队没有赢,所以弗雷德不可能知道他们赢了。

证成。我们已经看到,知识要求真信念。但是这就足够了吗?思考一下下面这个场景:你和你的新朋友(谈论JTB理论使你们从相识之人变成了朋友),就是那个"地平论者"弗雷德,正在讨论另一场你们都没有看过的橄榄球比赛。你们都没听见比赛的最终比分,而且你们都知道入局的赔率是2倍,即两支球队各自的预测赢球概率是相同的。不过,弗雷德决定相信是底特律雄狮队赢了。你问弗雷德,为什么他认为底特律雄狮队赢了,弗雷德回答道:"没有为什么,我只是真的希望他们赢,所以我相信他们赢了。"我们假设纯粹靠运气的弗雷德事实上是对的,底特律雄狮队的确赢了比赛。在你和弗雷德看到比分之前,他是否知道底特律雄狮队赢了?当然不知道。弗雷德没有理由认为是底特律雄狮队而不是他们的对手赢了,他只是一厢情愿地相信底特律雄狮队赢了而已。不但弗雷德不知道底特律雄狮队赢了,而且他相信他们赢了也是不合理的。对弗雷德来说,所谓理性行事,就是停止判断到底是哪支球队赢了比赛，他既不应该相信底特律狮子队赢了，也不应该相信他们输了。对弗雷德而言，理性行事就是他在获得一些有关比分的证据之前，不以某种方式相信比赛的结果。虽然弗雷德对比赛的走势有一个真信念，但是他显然不知道底特律雄狮队赢了。知识需要更多的东西，这更多的东西就是证成。简而言之，证成相当于获得充分的理由或证据去相信某件事。弗雷德显然缺乏充分的理由或证据，所以他不知道。

我们可以将这些见解联系在一起，以获得对知识的传统定义的精确表述：

S 知道 p，当且仅当：（1）S 相信 p；（2）p 为真；（3）S 的信念 p 是证成的。

1

盖梯尔难题：升职和旅行中的友人

背景

要理解一个经典的盖梯尔式案例，重要的是记住一种特定的逻辑规则，即析取引入。其推理公式为：若 p 为真，则 p 或 q 为真。例如，如果你有一条狗为真，那么你有一条狗或一只猫亦为真。并且，你有一条狗或没有宠物为真；你有一条狗或月亮是奶酪做的为真；等等。于是，如果你有一条狗为真，那么你有一条狗或（任何可以插入于此的主张）亦为真。

【关键词】 析取引入；盖梯尔难题

让我们来思考一下在哲学案例中经常提到的两个人——史密斯和琼斯。史密斯和琼斯在同一家公司上班，他们正在竞争同一个升职机会。史密斯忍不住对谁获得晋升做了一些推测。基于他的推测，史密斯渐渐有充分的理由相信琼斯升职了，尽管公司还没有正式宣布这个信息。他无意中听到老板说琼斯升职了，还看到了一封祝贺琼斯升职的信，他甚至看到了将要出现在令人垂涎的转角办公室的新铭牌，该铭牌属于获得晋升之人，上面写着"琼斯"。根据这些信息，史密斯相信琼斯升职了。

史密斯也知道琼斯拥有一件阿玛尼夹克。坐在办公桌前，史密斯感到有些烦闷，开始思量有关获得晋升之人的事实。他想"琼斯升职了，琼斯拥有一件阿玛尼夹克"，所以"获得晋升之人拥有一件阿玛尼夹克"。

到目前为止，史密斯和琼斯的这个案例并没有显得多么有趣。不过，让我们再思考一下故事的某种反转。我们设想史密斯也拥有一件阿玛尼夹克。还有，尽管种种迹象倾向于琼斯，但其实是史密斯获得了晋升机会——他听岔了老板的话，祝贺琼斯的信是写给另一位琼斯以及另一次晋升的，新铭牌是给另一位琼斯和她的新办公室的。史密斯知道获得晋升之人拥有一件阿玛尼夹克吗？看起来他并不知道。可是，这对于传统的知识定义而言就成了一个难题。史密斯得到证成，相信琼斯升职了，他知道琼斯拥有一件阿玛尼夹克。基于他得到证成的信念与知识，他开始相信获得晋升之人拥有一件阿玛尼夹克。这一信念是真的，因为史密斯拥有这样一件夹克，而且他正是获得晋升的那个人。还有，史密斯的信念是得到证成的，他的信念是一个简单逻辑推理的结果。因而，这看起来像是一个"得到证成的真信念并不等于知识"的案例。

让我们来思考另一种涉及史密斯、琼斯以及史密斯的朋友布朗的情形。史密斯有充分的理由认为，琼斯拥有一辆法拉利。他见过琼斯开法拉利。琼斯一直在和办公室的每个人说他拥有一辆法拉利。作为一位轻度窥探者，史密斯曾瞥见琼斯在他的计算机上浏览法拉利车主俱乐部的相关信息。凭着这些信息，史密斯相信琼斯拥有一辆法拉利。还有一次，当史密斯百无聊赖地坐在办公桌前时，他脑子里想的是他的朋友布朗。他知道布朗在度假，但不知道他在哪里度假，然后，像以往那样，史密斯的思绪转向了琼斯和他的法拉利。史密斯坐在那里，决定通过操练逻辑技能来理清头绪。他心想,"琼斯拥有一辆法拉利",所以"要不琼斯拥有一辆法拉利,要不布朗在布加勒斯特",接着他又想,"琼斯拥有一辆法拉利",所以"要不琼斯拥有一辆法拉利,要不布朗在巴尔的摩"。史密斯继续想,"琼斯拥有一辆法拉利",所以"要不琼斯拥有一辆法拉利,要不布朗在波士顿"。最后,他推断,"琼斯拥有一辆法拉利",所以"要不琼斯拥有一辆法拉利,要不布朗在巴塞罗那"。史密斯相信这些命题,因为他相信琼斯拥有一辆法拉利,而且他知道析取引入是一种合法的逻辑规则。

现在,让我们也为这种局面增加一种反转,假设琼斯实际上根本没有法拉利。琼斯一直租着一辆法拉利,并且尽一切可能让自己看起来像真的拥有了一辆法拉利似的,因为他希望办公室里的每个人都认为他做得很棒,尽管他没能获得近期的晋升。凑巧的是,布朗竟然就在巴塞罗那度假。因此,"要不琼斯拥有一辆法拉利,要不布朗在巴塞罗那"为真。史密斯相信它,而且他的信念是得到证成的。但是,我们似乎再一次遇到了一种情形,即史密斯得到证成的真信念并不等于知识,于是,传统的知识定义失效了。

本章所讨论的案例叫作"盖梯尔难题",因为埃德蒙·盖梯尔(Edmund Gettier)是第一个真正强调此类案例对传统知识定义构成威胁的人(尽管其他哲学家在盖梯尔之前已经讨论过此类案例)。盖梯尔难题往往遵循着一种普遍的模式,即主体具备一种证成的信念,但由于运气不佳,他们的证明与其所相信的命题的真实性无关。然而,幸运的是,事实证明主人公所相信的是真的。正是这种通过好运来纠正霉运的做法,使得盖梯尔难题中叙述的故事总是存在一种反转。

在研究对这些案例的回应之前，值得注意的是，这个所谓的对传统知识定义的反例有一些非同寻常之处：几乎所有知识论者都认同它有效。也就是说，几乎所有知识论者都认为传统的知识定义是有缺陷的。重要的是要记住，盖梯尔难题表明，得到证成的真信念不足以构成知识。这些难题并没有表明得到证成的真信念对知识而言不是必要的。换言之，盖梯尔难题清晰地表明，某人或许有一个得到证成的真信念，但他未能获得知识。然而，它们并没有证明一个人可以在不具备得到证成的真信念的情况下获得知识。事实上，多数知识论者认同得到证成的真信念对知识而言是必要的。因此，许多对盖梯尔难题的回应都尝试解决盖梯尔难题，即试图确定为了获得知识，必须在得到证成的真信念中加入一些条件。

回应

对盖梯尔难题最初的一种回应，试图完全取消作为知识的必要条件的证成。知识因果论背后的观点是，知识需要一个人的真信念 p 以适当的方式与事实 p 有因果关系。在上述案例中，使得史密斯的信念为真的事实并不是导致他如此相信的原因。所以，知识的因果论得出了正确的结论：在这些情况下，史密斯并不真正知道。

另一个早期的回应是所谓的"无虚假理由／证据"方法。概而言之，就是对于一个得到证成的真信念 p 来说，为了使其算作知识，任何为 p 构成某种证据的证成信念都不可以是错的。由此，史密斯的认知失效了，因为在两个案例中，他的推理都依赖于得到证成的假信念（以及虽得到证成却错误的理由）。与之相关的回应是，知识所需辩护的强度与得到证成的信念的虚假性之间不相容。这一回应否定了盖梯尔的假设，即知识所需的辩护的程度仍然容许问题中的信念可能有误。你根本无法具备得到证成的假信念，所以史密斯关于琼斯升职了和琼斯拥有一辆法拉利的信念压根儿就不算得到证成。当然，这将意味着他基于这些信念得出的结论也没有证成。因此，在这种观点下，史密斯还是不能算作知道。

另一个早期的回应则是诉诸"挫败"主张。实质上，这个回应背后的观点是，为使一个人获得知识，除了具备一种得到证成的真信念以外，还必须保证那个人的辩护没有被挫败。此处"挫败"的相关意义关系到是否存在真命题，如果将它们附加到一个人的证据中，就会使那个人的命题不再得到证成。例如，如果把一个真命题嵌入史密斯的证据中，就会使得他关于琼斯拥有一辆法拉利或布朗在巴塞罗那的信念证不成。特别是，琼斯没有法拉利的真命题会挫败史密斯的辩护。由于史密斯的信念是能以这种方式被挫败的，因此，这种回应将其排除在了知识实例以外。

还有一种回应涉及在传统的知识定义中添加模态条件，比如敏感性或安全性。S 对 p 的信念是敏感的，当且仅当如果 p 为假，S 就不会相信 p。S 对 p 的信念是安全的，当且仅当在离 S 相信 p 的世界最接近的可能世界中（"最接近的世界"是指那些在各种方面都与现实宇宙非常相似的可能情形），S 相信 p，p 就是真的。在这些案例中，史密斯既不能满足敏感性条件，也不能满足安全性条件，因此，添加这些条件似乎可以使传统知识观避免得出史密斯知道的结论。

还有些人认为盖梯尔难题是无法解决的，但是我们应当把知识看作

11

不可分析的。这里的想法是，我们与其试图将知识分解为各个组成部分（如证成、真实和信念），不如把知识看作是原初的，并用它来理解其他认知属性，如证成。

2

对盖梯尔难题的回应 1：一个可怕的发现

背景

　　对盖梯尔难题的早期回应之一，试图通过引入知识的因果关联，消除知识的证成部分。知识的因果论有很多种版本，不过它们的主流观点都是，以一种"恰如其分的"因果关联去取代证成。阿尔文·戈德曼提出了知识的因果论的最早且最简略的版本。这种知识的因果论认为，S 知道 p，当且仅当：（1）S 相信 p；（2）p 为真；（3）事实 p 与 S 的信念 p 存在"恰如其分的"因果关联。事实 p 与 S 的信念 p 能够建立因果关联的一种途径是，事实 p 就是导致 S 相信 p 的原因。比如，当 S 脑袋伸出窗外俯瞰院子时，院子里有一棵树的事实是 S 相信院子里有一棵树的原因的一部分。事实 p 与 S 的信念 p 能够建立因果关联的另一种途径是，S 的信念与事实 p 有共同的原因。例如，S 形成了一个信念，即烟囱里有烟冒出，这是因为 S 就在屋里，并且看见了火。在这个场景中，S 的信念与烟囱里有烟冒出的事实的共同原因就是壁炉里的火。不过，我们很难准确地说，什么算是"恰如其分的"因果关联，而什么又不算。好在就我们的目的而言，我们不需要在此意义上对适当性做精确的说明。

【关键词】 知识的分析；知识因果论

斯凯姆斯侦探刚刚抵达一个有嫌疑的案发现场，他立即注意到一具尸身以及数英尺①外属于那具尸身的头颅。和其他任何人一样，斯凯姆斯根据他所看到的，立刻形成了这个人已经死亡的真信念。

不过，同上一章所讨论的盖梯尔难题一样，这里的故事也不会如此简单。的确，这个人确实是死了。可是，被割了头并不是他的死因。实际情况是，有个人深夜参加完聚会，正在回家的路上，突然听见了一阵可怕的声音，于是他开始狂奔，结果被石头绊了一下，摔倒在地上。他躺在地上，瞬间感到非常恐惧，导致心脏病急剧发作。由于四下无人（轻风拂过，只有附近的树上遗弃的旧风铃的声音），因此，这个人没有被送往医院，最终他死于心脏病发作。不过，这个阴森的故事至此并未结束。这个人死了几个小时之后，一个疯疯癫癫的精神病患者出现在尸体旁，他执意认为割下尸体的脑袋会很有趣。当然，刚刚抵达案发现场的斯凯姆斯尚不清楚所有这些可怕的细节。他才看到尸身离头颅有几英尺远，便相信这个人已经死了。

这个案例中极其可怕的细节为什么重要呢？因为它对于简单的知识因果论构成了一个重要的问题。在这个案例中，斯凯姆斯知道这个人已经死了，这一点是明确的。然而，导致斯凯姆斯相信这个人已经死亡的事实却是，这个人的脑袋被割下来了。可是，这个人的脑袋被割下来的事实并非其真正的死因。所以，这个人已经死亡的事实尚不足以引发斯凯姆斯的信念。另外，这个人已经死亡的事实与斯凯姆斯的信念，即这个人的脑袋被割下来了，没有因果关系。因此，这个人已经死亡这一事实，似乎不是导致斯凯姆斯相信这个人已经死亡的原因，其与斯凯姆斯

---

① 1英尺 ≈ 0.3 米。——译者注

的信念也并没有共同的原因。结果，我们在背景中探讨过的简单因果论得出了结论：斯凯姆斯并不真正知道这个人已经死亡。可是，斯凯姆斯却又的确知道这个人已经死亡。你无须成为像斯凯姆斯那样的神探，就能知道这个脑袋被完全割下来了的人已经死亡。

总的来说，这类案例达到了预期效果——它们表明，简单的知识因果论是错误的。这一点就连最初捍卫这种简单因果论的阿尔文·戈德曼也接受了。然而，这一认知并没有使人们完全摒弃这些理论。相反，简明因果论的拥护者在相应的因果链条上增加了各种限定。

回应

有些因果论者对这类案例的回应是补充一种逻辑关联：如果事实 p 是多因素决定的（简而言之，这意味着有不止一个因素在起作用，而任意一个因素都可以确保 p 为真），那么一个多因素决定的因素就能使人知道 p。比如，在上述案例中，这个人的死是多因素决定的，心脏病突发已经杀死了他，但是即便没有杀死，身首异处也会要了他的命。在这种观点看来，斯凯姆斯称得上知道这个人已经死亡，因为他的信念是由这个人已经死亡这一事实的多重决定因素引起的。

另一种对因果关系进行修订的观点认为，当一个人的信念 p 是由信息 p 引起的时候，她就知道 p。这似乎也避免了上述问题，因为即使导致那个人死亡的原因并非引发因素，那个人已经死亡的信息也正在引发斯凯姆斯的信念。从这个角度来看，即使斯凯姆斯不知道这个人的死因，他好像也知道这个人已经死亡。

最后，对简单因果论最突出的修订是由戈德曼（1976，1979，1986）本人进行的，在此期间，他提出了他的可靠主义理论。可靠主义作为一种辩护理论，还可以拓展到知识定义的领域。简而言之，与要求"p 这一事实导致了一个人相信 p"不同，应用于知识的可靠主义大致认为：为了知道 p，一个人对 p 的真信念必须是由某个可靠的信念形成过程产生的（即一个倾向于产生更多真信念而非假信念的过程）。

在这个案例中，可靠主义似乎也能得到正确的结果。斯凯姆斯的"这个人已经死亡"的信念似乎是可靠的。毕竟，因为看到某人的脑袋已经被割下来了而相信他已经死亡，这似乎是一种形成关于某人是否已经死亡的真信念的十分可靠的方式。

3

对盖梯尔难题的回应 2：一个奇异的县

背景

对盖梯尔难题最早的两种回应是，选择一种知识的因果关联或接受一种无虚假理由/证据的回应。正如在盖梯尔难题的相关文献中十分常见的那样，在这些回应提出之后不久，新的盖梯尔式案例又冒了出来。这些案例揭示出，无论是知识的因果关联，还是无虚假理由/证据的回应，都未能解决盖梯尔难题。因果说明（除此前章节中叙述的反例以外）的问题在于，似乎可以存在这样一些盖梯尔式案例，其中，事实 p 以一种看似恰如其分的方式导致一个人的真信念，可这个人却不知道 p。"无虚假理由/证据"回应的问题在于，它依赖于主体进行明确的推理，即从一个得到辩护但实际上是错误的信念出发进行推理。事实上，我们可以构造出一些盖梯尔式案例，其中主体似乎根本没有进行任何推理。在这些问题变得明晰以后，人们又提出了其他的回应。许多这样的回应都有一个共同的特点，即试图限制主体在生成知识时可以依赖的推理或证据。然而，这些回应的一个关键特点是，它们并没有对主体所处的环境条件加以限制。就像这篇文章里所描述的那种假谷仓的情景，正是它的这个特点，让"无虚假理由/证据的解答"这种回应的改进措施失去

思想实验：关于真知的 50 个谜题、悖论与思考
EPISTEMOLOGY: 50 PUZZLES, PARADOXES, AND THOUGHT EXPERIMENTS

了效力，而且在解决盖梯尔难题的时候，也让知识的因果关联不再那么有效。

【关键词】 知识的分析；盖梯尔难题

在美国中西部的乡村地区，有一个县以其连绵的山丘和美丽的谷仓而闻名，我们姑且称之为谷仓县。事实上，许多游客来到这里，在蜿蜒的道路上兜风，眺望别致的谷仓，这极大地增加了谷仓县的财政收入。不过，由于地处美国中西部，强风暴和龙卷风对谷仓县构成了实实在在的威胁。这一年，就在旅游旺季开始的几周前，一场强烈的龙卷风席卷了整个县，几乎摧毁了所有谷仓。居民们感到忧心，没有谷仓，就没有人愿意来谷仓县旅游了。在旅游旺季到来之前，重建谷仓来不及，而建成半吊子的谷仓也吸引不了游客。所以，谷仓县的人想到了一个法子。他们将在旅游旺季到来之前建造假谷仓，这样人们还是会来看谷仓的，而谷仓县也将有财政收入来重建谷仓。这些假谷仓就像舞台道具——它们是撑成一个谷仓形状的壳层假面，所以从公路上（游客们兜风的地方）看过去，它们与真谷仓难分真假。当然，谷仓县的居民对这个计划都秘而不宣，毕竟，谷仓爱好者们没有兴趣来看假谷仓，他们想看的是真东西。我们是谷仓县以外唯一知道这则信息的人。

玛莎决定放个短假来庆祝最近的升职。作为谷仓爱好者，玛莎决定去谷仓县旅游。她兴冲冲地去了，完全没觉察到谷仓县的情况。眼下，玛莎正在谷仓县四处兜风，眺望那些她以为的真谷仓。她一边眺望着假谷仓，一边自言自语（并且相信）："好可爱的谷仓！""那里有一个！""又有一个！"在所有这些假谷仓中间，恰巧有一个真谷仓。从玛莎的观察点看过去，这个真谷仓与那些假谷仓真假难辨。当玛莎看到

这个真谷仓和那些假谷仓时，就像她相信她看到的所有那些数不胜数的假谷仓一样，她相信这也是一个可爱的谷仓。

从直觉上看，玛莎对真谷仓的信念与对假谷仓的信念都是得到辩护的。玛莎知道谷仓是什么样的，她是在良好的观察条件下（光线充足、天朗气清等）眺望所有这些假谷仓和真谷仓的，而且她绝对没有理由想到，谷仓县到处都是假谷仓。对她而言，相信每一个假谷仓都是谷仓，似乎是完全合理的。这本身没有问题，因为一个人可以拥有得到辩护的假信念。但是，我们要考虑到这样一种情形，即当玛莎看向这个真谷仓，并且相信它是一个谷仓时，她的信念就不但是得到辩护的，而且为真。因而，当玛莎看向这个真谷仓时，她似乎获得了一个证成的真信念。然而，玛莎似乎并不知道，她看到的是一个谷仓。

重要的是，这种情形与原初类型的盖梯尔案例不同，因为玛莎没有做出推论。她只是简单地看了看，并形成了"她看到的是一个谷仓"的信念。因此，玛莎认为"她看到的是一个谷仓"的辩护不可能基于虚假的理由或证据。更重要的是，问题似乎根本不在于玛莎，或者她的理由。问题似乎仅仅在于她所处的环境，而她对此毫无察觉。遍布在玛莎四周的假谷仓似乎导致了这样的结果：尽管玛莎的信念得到辩护并且为真，但当她看着那唯一一个真谷仓时，她并"不知道"自己看到的是一个谷仓。这揭示出，对传统的知识定义而言，盖梯尔难题不仅在某人于其推理过程中仰赖得到辩护的假信念时会出现，而且在他身处错误的环境之中时也会出现。

这个问题似乎也困扰着知识的因果论。就像此类信念通常出现的那样，玛莎的"她看到的是一个谷仓"的信念是由这个真谷仓导致的。所以，知识的因果论如何能够生成直观的结论，即玛莎的真信念并不等于知识，这是一个谜。

回应

在探讨哲学问题之前，我们先来了解一下盖梯尔式案例"假谷仓"的历史。阿尔文·戈德曼对此类案例的探讨广为人知，这些案例的观点通常要归功于他。不过，在戈德曼之前，弗雷德·德雷茨克和卡尔·吉内特就对此类案例做过严肃的探讨（德雷茨克的相关讨论早在戈德曼发表其观点之前几年就已经出版，戈德曼事实上把这些案例的提出归功于吉内特）。

现在，我们来讨论这些案例本身。与原本用来激发盖梯尔难题的案例不同，有相当多的知识论者否认直觉在这些案例当中起了作用（实证研究表明，非哲学家们也有可能倾向于否认这一点）。他们认为，当玛莎看到那个真谷仓时，她知道那是一个谷仓。这种回应的动机之一是考虑了该案例的不同变体：进出谷仓县时，玛莎一直都在盯着真谷仓看（这种回应的观点大致说来就是，想象一条河流穿过谷仓县，玛莎在一艘船上，当她穿过充满假谷仓的土地时，她在看着船上的真谷仓）。

不过，也有许多知识论者否认玛莎知道她看到的是一个谷仓。他们认为，一些对原初的盖梯尔难题的回应，也可以解决这里的问题。最常见的方法是，用假谷仓案例的研究来激发知识的模态条件，例如安全性和敏感性。回想一下，S 的信念 p 是安全的，当且仅当在距离这个世界最近的世界（"距离这个世界最近的世界"与宇宙实际情况非常相似但却有别的形态）当中，S相信p，p为真。在假谷仓案例中，玛莎和谷仓被认为是不满足模态条件的。因为在相当接近这个世界的世界当中，玛莎相信她看到了一个谷仓，可是她看错了。在她周围有许多假谷仓，以致她很容易就能看到其中一个，并且一直相信她看到的是一个谷仓。再说到敏感性。S的信念p是敏感的，当且仅当如果p为假，S就不会相信p。同理，玛莎的信念似乎也不满足这个条件。可以猜想，如果"玛莎看到的是一个谷仓"为假，那一定是因为她在盯着许多假谷仓中的一个看。但是，如果玛莎在盯着一个假谷仓看，她会相信她盯着看的是一个谷仓。因此，要求满足模态条件（如安全性或敏感性）才能称之为知识，似乎能在假谷仓案例中得出正确的结论。

4

克里普克的谷仓案例：红谷仓与蓝假面

背景

对盖梯尔难题（原始形式和假谷仓版本）的一种模态回应诉诸敏感性，起初看起来大有希望（并且至今仍然有捍卫者）。当罗伯特·诺齐克（Robert Nozick）首次提出他的知识理论时，他为知识设定了一个敏感性要求，而他提出这一要求的动机并非源于盖梯尔难题本身。正因为这一要求的动机独立于盖梯尔难题，将敏感性要求作为对盖梯尔难题的回应反而显得更具吸引力。回想一下前面两个章节，S 对 p 的信念是敏感的，当且仅当如果 p 为假，S 就不会相信 p。在原初的盖梯尔案例中（参见第 1 章内容），史密斯的信念，也就是"获得晋升之人拥有一件阿玛尼夹克"，以及"要么琼斯拥有一辆法拉利，要么布朗在巴塞罗那"，都没能满足敏感性条件。由于这两则信念都仰赖于史密斯的虽然得到辩护却错误的其他信念，所以即使"获得晋升之人拥有一件阿玛尼夹克"，以及"要么琼斯拥有一辆法拉利，要么布朗在巴塞罗那"为假，他也会继续相信这些信念。同样地，在假谷仓案例中（参见第 3 章内容），玛莎得到辩护的真信念也没能满足敏感性条件。毕竟，哪怕玛莎在盯着一个假谷仓看，她也会相信她看到的对象是一个真谷仓。因此，即使对象不是一个谷仓，玛莎也会相信它是一个谷仓。在知识的传统定义中增加敏感性条件，似乎为原初的盖梯尔案例及假谷仓案例提供了一个解决办法。

【关键词】 知识的分析；盖梯尔难题；敏感性

让我们来研究一下《假谷仓案例：一个奇异的县》（参见上一章）的变体。情况依旧是，一场龙卷风最近摧毁了谷仓县境内的谷仓。谷仓县的民众依旧决定竖起假谷仓，以吸引游客前来游玩。这个案例与上个案例的一个差异是，由于制造假谷仓的材料本身的原因，它们都被涂成了蓝色——出于某种原因，红色油漆会侵蚀制造假谷仓的纸板。结果就是，那个仅存的真谷仓的外表被涂成了红色，而那些数不胜数的假谷仓都被涂成了蓝色。

同样，作为谷仓爱好者，玛莎决定去谷仓县游玩。玛莎完全没有察觉到谷仓县的情况——她不知道县里到处都是假谷仓，也不知道只有那个真谷仓的外表是红色的这一真相。眼下，玛莎正在谷仓县四处兜风，眺望那些她以为的真谷仓。她一边盯着那些假谷仓看，一边自言自语道：“好可爱的谷仓！”"那里有一个！""又有一个！"现在，玛莎恰巧看到了那一个真谷仓。她自忖道：“多可爱的红谷仓啊！"

对盖梯尔难题的敏感性回应认为，玛莎那个得到辩护的真信念，即"那是一个谷仓"，不能算作知识。为什么呢？因为这个信念对县里面事实上有一个谷仓存在的真相并不敏感。毕竟，哪怕玛莎的信念为假（她实际上没有看到谷仓），她依旧会相信她看到了一个谷仓，因为她会被假谷仓中的一个戏耍。不仅如此，玛莎也依旧会相信，假谷仓是真谷仓。所以，这种敏感性回应生成了正确结果：玛莎不知道她盯着看的对象是一个谷仓。可是，玛莎更具体的信念，即"那是一个红谷仓"，又是真是假呢？对敏感性回应而言，问题已初现端倪。这个信念似乎是敏感的：如果"那是一个红谷仓"为假，玛莎就不会相信"那是一个红谷仓"。为什么不会呢？因为所有的假谷仓都是蓝色的。所以，倘若玛莎面前的对象不是红谷仓，那是因为对象是一个蓝色的假谷仓。在此类案例中，玛莎不会相信它是一个红谷仓；相反，玛莎会错误地相信这个对象是一个蓝谷仓。而结论就是，对于对象是一个红谷仓的真相，玛莎的信念"那是一个红谷仓"是敏感的。这意味着敏感性回应产生了一个非常反直觉的结果：玛莎知道对象是一个红谷仓，但是她不知道它是一个谷仓！

让许多知识论者震惊的是，这个案例成功地成了知识存在敏感性条件这一观点的反例。也就是说，他们发现认为玛莎能够知道她在看一个红谷仓，但是与此同时又认为玛莎不知道她在看一个谷仓是荒谬的。于是，许多知识论者把这种案例作为一个决定性的理由来否认敏感性回应是成功的，并否认应当在传统的知识定义中增加敏感性条件。

回应

对这个案例的一种回应，试图通过争辩该案例无法构成一个真正的反例，来拯救敏感性条件。这种回应的想法是，重要的是要认识到，玛莎在利用她所看到的对象看起来像一个红谷仓的事实，来形成她的"有一个红谷仓"的信念。这种"方法"仅适用于有看起来像一个红谷仓的东西存在的情况。因此，如果那里没有红谷仓，玛莎会相信她看到的是一个谷仓，这是因为她使用了其他方法。结果，按照这种回应，当玛莎相信那里有一个红谷仓时，她也相信那里有一个谷仓，部分原因是她使用了"红谷仓方法"。这种方法使玛莎知道，她在看的东西既是红色的，也是一个谷仓。虽然这种回应可以把敏感性回应从"认为玛莎知道她看见了一个红谷仓，但是她不知道她看到了一个谷仓"这一难题当中解救出来，但是在涉及假谷仓案例时，我们还是有可能担心它会使敏感性回应失效（参见第 3 章）。毕竟，考虑到玛莎周围所有的假谷仓，她在这种情况下不知道自己在看一个红谷仓貌似也是可信的。

另一种回应是，承认像这样的案例表明敏感性回应在字面上是错的，但是坚持认为它在精神上是正确的。这是知识敏感性条件下的多数当代捍卫者的策略。他们以各种方式修订我们一直在探讨的原初的敏感性条件，以试图避免这样那样的问题。

5

知识功绩观：一名游客

背景

许多德性知识论者接受这样的观点，即知识的一个必要条件是，认知者因其持有真信念而应当获得某种认知上的归功。例如，若 S 要知道院子里有一棵树，她在某种意义上就必须因为真正相信院子里有一棵树而值得获得认知上的功绩。知识功绩观的支持者对"应得归功"这一条件有多种不同的阐述方式。与其对它们一一概述，不如直接考察其中一种具有代表性的版本，以便更好地把握这些知识观总体上在说些什么。根据一些德性可靠主义者的观点（他们认为知识需要理智德性，但在他们对理智德性的解释中也包含了对可靠主义的承诺；关于可靠主义的更多内容，见第三部分的介绍），为了让 S 因其对命题 p 的真实信念而获得认知上的功绩，必须满足以下几个条件：相信 p 为真在智识上具有价值；S 的确相信了 p，且为真；并且 S 之所以相信 p，体现了其可靠的认知能力的运作。知识的功绩理论似乎能够应对很多盖梯尔式案例，这是因为，在许多盖梯尔式的例子中，主体虽然确实持有一个真信念，但这种信念似乎并不能归功于她自身的能力。相反，功绩论者认为，在这类情形中，主体之所以恰好形成了真信念，仅仅是出于偶然或运气；因此，这种信念并不体现主体的认知功绩。

【关键词】 知识功绩观

鲍勃最近到了纽约，这是他首次造访此地。他刚刚从中央车站走到 42 号街。这是阳光明媚的一天，所以他心想，要是能在城里好好游览一番，那就太棒了。他一直想去看看帝国大厦，而且他也知道那里有一个天文台，所以他决定去那里。他把手插进兜里，想掏出手机查询路线，却发现手机不见了。哦不！鲍勃突然想起，他在去火车站之前，把手机忘在家里的桌子上了！鲍勃没有更好的选择，只得环顾四周，走到身旁最近的成年人身边问她去帝国大厦的路。这位陌生人碰巧一辈子都住在纽约，她不仅对曼哈顿了如指掌，而且还很擅长指路。她给了鲍勃很好的指引。她告诉他，帝国大厦离他们站的地方只有大约半英里[①]远。他需要做的就是，沿着 42 号街走，左转进入 5 号路，再过大约 8 条街就会到达。根据这位女士的证言，鲍勃立即形成了一个关于如何前往帝国大厦的真信念。

就哲学中的例子而言，这个例子相当普通。这个案例很容易发生，因为人们在不熟悉的城市向陌生人问路这类事情确实经常发生。使这个案例有趣的是，鲍勃似乎知道了去往帝国大厦的路，但是他只是接受了一个他不认识的人告诉他的话，他甚至没有问她是不是来自纽约。因此，鲍勃似乎并不真正应当因其对如何到达帝国大厦的真信念而获得功绩。如果这是对的，那么知识的功绩观就会陷入很大的麻烦。在这种情况下，一个人确实拥有知识，但其真信念却无法归功于他本人。

[①] 1 英里 ≈ 1.61 千米。——译者注

回应

一种不放弃知识功绩观的回应认为,在这种情况下,鲍勃并不真正拥有知识。这里的思路是,鲍勃只是随机挑选了一个人并相信了那个人对他说的话。这种回应继而认为,这种形成信念的方式太过随意了,无法生成知识。因此,尽管鲍勃不应因其真信念而获得功绩,但这并不构成对知识功绩论的挑战,因为鲍勃并不真正拥有知识。

另一种回应方式是,承认这个案例中的鲍勃的确拥有知识,但同时坚持认为他也应因其真信念而获得功绩。充实这种回应的一个方式是坚持认为,证言知识要求证言者和证言接收者都是可靠的。前者必须是一个可靠的证言者,而后者则必须可靠地接受证言。因此,根据这种证言观,鲍勃要从陌生人的证言当中获得知识,他就必须可靠地区分好的证言与坏的证言。因此,这种回应认为,在这个案例中鲍勃持有正确的信念应归功于他自身。

另一种不同的回应认为,对真信念的功绩可以由多人共享。这里的观点是:我们之所以倾向于认为鲍勃不应因他知道如何去帝国大厦而获得功绩,是因为我们只是在考虑他是否单独应得这个功绩。然而,当我们意识到可以在鲍勃与给他指路的那位女士之间共享功绩时,我们就会发现,对功绩论来说,这里并不存在问题,因为鲍勃确实应为他所获得的知识承担一部分功劳。

6

理解：克万维格的科曼奇案例

背景

尽管理解似乎是古代哲学中的核心认知概念，但是直到最近，它才被重新提起。知识一直是当代知识论者的主要关注点。直到20世纪90年代末、21世纪初，理解才再一次成为严肃考察的主题。理解复苏之初的辩论之一是，理解是否仅仅是一种知识形式。而对假谷仓式的盖梯尔难题的研究则促成了这场辩论。

【关键词】 盖梯尔难题；理解

乔恩决定以一种旧派的方法了解一位特殊的历史人物——亚历山大大帝。乔恩没有在互联网上查找有关亚历山大大帝的信息，而是决定在当地图书馆阅读一本关于他的历史书。乔恩不知道，他造访的图书馆其实非常糟糕——它里面充斥着各种错误百出的书。图书馆里有许多关于亚历山大大帝的书，但是几乎都是极其不可信的。幸运的是，乔恩在图书馆里恰好随机挑选到一本关于亚历山大大帝的无误书。乔恩读了这本书，了解了亚历山大大帝的驭战之术：他倾向于赋予被他征服的人们相当大的自主权，诸如此类。从这本书中学习的结果就是，乔恩能够解释为什么亚历山大大帝在战斗当中如此成功，以及他是如何征服这么多地方的。如果被问及亚历山大大帝，或是他在战斗中的胜利，又或是他的各项事迹，乔恩总是能够很容易地给出周到并且正确的答案。亚历山大大帝是如何凭借军事力量和外交策略，实现对世界上的广袤地域的控制的，乔恩深谙其中的各种详情。事实上，乔恩能够就这一论题撰写文章，使资深历史学家都相信，他对亚历山大大帝及其成就有着牢靠的理解。

从乔恩对有关亚历山大大帝的事实的掌握，以及他阐释亚历山大大帝的成就的能力来看，他似乎理解了亚历山大大帝之所以成功的原因。尽管如此，乔恩似乎还是不知道亚历山大大帝成功的原因。为什么不知道？因为乔恩于不知不觉中陷入了一个假谷仓式的盖梯尔难题中。所有那些不可信任的书的存在，形成了一种似乎与知识不相容的路径，导致他关于亚历山大大帝的证成的真信念成了运气使然。乔恩获得了有关亚历山大大帝的证成的真信念，这类似于玛莎获得了一个证成的真信念，即当她被数不胜数的假谷仓包围时，她其实在盯着一个谷仓看。毕竟，乔恩没有理由怀疑他是在一个糟糕的图书馆里，正如玛莎也没有理由怀疑她是被假谷仓包围着。乔恩没有理由认为，他挑选的那本书与其他关于亚历山大大帝的书有多么不同，正如玛莎没有理由认为，她在盯着看的谷仓与她周围所有那些假谷仓有什么不同。此外，就像相信自己读过的书所说的一样，乔恩会轻易地相信其他书中关于亚历山大大帝的言说。这也与玛莎相似——如果玛莎看到的不是真正的谷仓，而是那些假谷仓中的一个，那么她会很轻易地相信假谷仓就是谷仓。因此，乔恩似乎是以一种类似于玛莎的方式，凭运气获得了关于亚历山大大帝的证成的真信念。所以，看起来就像玛莎关于谷仓的证成的真信念因其运气实质而不能算作知识一样,乔恩关于亚历山大大帝的真信念虽然是证成的,但是也不能算作知识。

虽然乔恩没能获得知识,但是他似乎确实理解亚历山大大帝之所以如此成功的原因。毕竟,乔恩可以准确无误地解释亚历山大大帝为什么如此成功;他确实明白关于亚历山大大帝的各种事实如何能够解释他的成功。更重要的是,乔恩能够以该领域的学者认为他真正理解了的方式,表达他对这些事实的理解。因此,虽然身处所有那些不可信的书的包围中,乔恩获取知识的能力看似被削弱了,但是他的理解能力却没有被削弱。因而,这个案例揭示出,理解与知识有着重要的不同。

回应

尽管许多知识论者追随乔纳森·克万维格(Jonathan Kvanvig)的观点,认为理解与削弱知识的运气的形式是相容的,但是这类案例并没有说服所有人。有些知识论者对此的回应是,承认这些案例的确存在知识的缺失,但是他们认为,即使在相似的案例当中,于此处起作用的运气也会破坏理解。这种回应的思路是,知识与理解都容易受到运气的影响。因此,它们可以说是休戚与共。

对这类案例的另一种回应认为,此处描述的情况根本不属于盖梯尔难题。换句话说,有些学者认为,假谷仓案例不会在整体上削弱知识。一些实证研究表明,人们通常不具备这种直觉,即认为在假谷仓案例之中的人缺乏知识。还有研究表明,在这类案例当中,人们乐于把知识与理解混为一谈。于是,有些学者认为,这类案例并未表明理解不可还原为知识,因为这并不是一个人实际上缺乏知识的例子。

7

无信念的知识：智力竞赛秀

背景

我们探讨了知识的传统定义。我们注意到的一件事是，尽管人们广泛认为，知识的传统定义终归是有缺陷的，但是大家同样广泛（或许甚至更加广泛）认为，传统定义的三个组成部分（证成、信念、真实）对知识而言都是必需的。与哲学中的许多事情一样，人们在这一点上也没有达成普遍共识。有些人质疑，知识的传统定义的各个组成部分是否真的是必要的。更加有趣的观点之一是，一个人可以拥有无信念的知识。更确切地说，即使 S 不相信 p 为真，S 也可以知道 p。

【关键词】 知识的分析

杰夫是个敏而好学的人。然而，他容易严重怯场，并且有相当极端的考试焦虑。在了解一个游戏节目的性质之前，杰夫就签了一份合同，同意参赛。鉴于他对履行合同的坚定承诺，以及他若因违约而被起诉定会格外焦虑，杰夫决定，无论是什么节目他都会参加。不幸的是，杰夫恰巧被选为一个新的游戏节目《智力竞赛秀》（The Quiz Show）的参赛者。这个节目的游戏规则非常简单。参赛者将接受一个随机主题的测验，而测验得分最高的参赛者将获得奖品。

杰夫在聚光灯下的日子到了。他站在舞台上，演出才刚刚开始。幸运的是，服装师们都很不错，他们给杰夫配的衣服使他无论出汗多严重都不会露馅。当主持人宣布，测验的主题是第二次世界大战的时候，杰夫正在深呼吸以使自己平静下来。这是杰夫涉猎极广的历史领域，所以对他来说测验应当是轻而易举的事情。然而，站在舞台上接受测验时，杰夫变得极度紧张。结果，他的脑子里一片空白。杰夫不知道还能做些什么，他只是通过猜测事件发生的日期，迅速地完成了测验。他不相信这些答案是正确的——就他而言，它们只是猜测。不过，杰夫想通了，他至少要完成测验。

完成测验之后，杰夫取得了很漂亮的分数。他几乎每道题都答对了！任何人通过简单的猜测，能够取得和杰夫一样高的分数的可能性极低，以至于当杰夫说他是瞎猜的时候，没有人相信他。尽管他声称自己不相信那些答案是正确的，但是他们坚称他知道答案。

A. D. 伍兹利（A. D. Woozley）和科林·拉德福德（Colin Radford）提出了他们对这种案例的开创性介绍，试图阐明信念对知识而言不是必要的。虽然这无疑是少数人的立场，但是他们并不是仅有的、认为这些案例对于知识的传统定义构成了另一种反例的人。

回应

在伍兹利和拉德福德首次提出这个案例之后，立即有哲学家认同他们的观点，即一个人不相信 p，也能够知道 p。不过，也有人直接否认这个案例是真实的反例。还有一些人认为，这种案例根本不够清楚，无法用来判定知识的传统定义是否存在问题。

最近，一些人试图运用实验方法来解决有关这种案例的争议。有些人认为，实验的数据表明，普通人（非哲学家）倾向于认同知识不需要信念，而这也显示出这个案例作为知识的传统定义的反例是成功的。

然而，也有人认为，经验数据表明确实存在两种不同的信念，即单薄的信念与厚实的信念。单薄的信念 p 无须明确同意 p 的真实性；相反，人们只需要将 p 作为信息刻画或者存储在脑海之中。而厚实的信念所需要的不仅仅是信息的最低限度的存储。那些声称在厚实的信念与单薄的信念之间存在这种区别的人认为，单薄的信念就是知识所必需的全部，他们还认为在我们看到的上面这个案例中，单薄的信念是存在的。他们因此主张，这些案例不能表明知识不需要信念。

一种相关的观点利用了一个被更广泛接受的哲学区别，即当下信念（当前正处于意识之中的信念）与倾向信念（以某种方式被储存起来的信念）之间的不同。基于这种处理问题的方法，杰夫当下的确不会相信他给出的测验问题的各种答案。尽管如此，杰夫的确倾向于相信它们，而知识所需的正是倾向信念。因此，这种回应也表明，这类案例未能表明知识不需要信念。

另一种观点寻求利用命题辩护（有充分的理由相信 p）与信念辩护（出于充分的理由相信 p）之间的区别，来分析在类似《智力竞赛秀》这样的案例中究竟发生了什么。这种回应的总体思路是，类似的区别适用于知识。一旦这种区别扩展到知识领域，我们最终就会得到两种知识，即命题知识与信念知识，只有后者才需要信念。因此，鉴于这种回应，杰夫没有信念但却知道某事为真，因为他只拥有命题知识，而这种知识不需要信念。然而，这并不能表明知识的传统定义是错误的，因为某些知识（信念知识）的确需要信念。

8

认知封闭：德雷茨克的斑马

背景

关于认知封闭原则有多种形式和表述方式。最著名的封闭原则之一是，知识在已知的蕴含关系下是封闭的。说知识在已知蕴含关系下是封闭的，即如果 S 知道 p，并且 S 知道 p 蕴含 q，那么 S 就能够知道 q。表面上看，这种原则极其有道理。毕竟，只要我们知道某些事情为真，并且知道它们逻辑上蕴含出某些结论，我们就可以通过推理轻松地扩展我们的知识；这似乎完全合理。

【关键词】 知识的分析；认知封闭

安德鲁和爱波尼决定去动物园放松一下。他们一直在沐浴阳光，观赏各种动物。此刻，他们来到了斑马（他们最喜爱的动物之一）所在的区域。斑马的活动区域相当大，所以他们能够看到的唯一斑马也在很远的地方。幸运的是，安德鲁和爱波尼仍然可以轻易地看到它，而且由于它有零食吃，因此他们可以尽情地观赏它。

在他们观赏斑马时，爱波尼评价道："多么漂亮的斑马啊！"安德

第一部分　知识的本质

鲁有个嗜好，喜欢把他在知识论课堂上听来的知识运用到朋友们身上，他诘问道："你确定它是斑马？"

爱波尼有点错愕，她盯着安德鲁，然后以手指着斑马道："当然，我确定它就是斑马。我知道斑马长什么样，它就在我眼前。"安德鲁道："好吧，爱波尼，你知道的，如果有人愿意，他们能够把一头骡子涂得像一匹斑马。而且，如果他们涂得好，从这个距离看过去，那头骡子就会像匹斑马一样。"

爱波尼对这连珠炮的提问感到有点不耐烦，她回应道："地球上为什么会有人把骡子涂成斑马的样子，还把它放到动物园的斑马区？"安德鲁想了一会儿，然后说道："可能有一种原因。也许动物园的斑马生病了，而管理员知道，人们来动物园就是想看斑马。所以他们决定，与其冒风险扰乱游客的出游计划，还不如把一些骡子涂成斑马的样子。"

说完这话，安德鲁和爱波尼凝视着那只动物，陷入了沉默中。片刻后，安德鲁打破沉默，问道："你真的能确定，那是一匹斑马，而不是一头乔装改扮的骡子？"爱波尼对他翻了个白眼，岔开话题说道："走，我们去看狮子。"

这种案例很有趣，因为接受知识在已知蕴含关系下是封闭的（或简称"闭合性"），似乎可能会让我们被迫接受一些奇怪的结论。让我们来搞清楚，在这里封闭性原则究竟意味着什么。爱波尼和安德鲁（以及我们）都知道，那只动物是一匹斑马在逻辑上蕴含着"它不是一头乔装改扮的骡子"。因此，如果它是一匹斑马，它就不是一头骡子；如果它是一头骡子，它就不是一匹斑马。截至目前，一切都很合理。不过，现在事情似乎可能变得有一些怪异了。如果爱波尼知道那只动物是一匹斑

37

马，那么（经由闭环）她似乎可以知道，它不是一头乔装改扮的骡子。可是，她是如何知道的呢？毕竟安德鲁是正确的：如果一头骡子被涂得看起来像一匹斑马，那么无论是他还是爱波尼，都将说不出那头骡子与一匹真正的斑马之间的区别。这使得爱波尼似乎无法知道那只动物不是一头乔装改扮的骡子。然而，如果爱波尼无法知道那只动物不是一头乔装改扮的骡子，那么通过闭环，她也不知道那是一匹斑马。但是，这似乎也不对。毕竟，当人们在动物园观赏斑马时，难道不知道他们在看的是斑马吗？

弗雷德·德雷茨克起初把这一案例作为认知封闭的反例提出来。这意味着，我们似乎要被迫否定以下三种想法之一：爱波尼知道那只动物是一匹斑马；爱波尼不知道那只动物不是一头乔装改扮的骡子；知识在已知蕴含关系下是封闭的。德雷茨克认为，最好的选择是否定第三个主张，即否定封闭。不过，如此选择不仅仅是由于这个案例。德雷茨克对知识的定义是，（简而言之）当 p 为真，并且 S 出于确凿的理由（一旦 p 为假，这个理由就不能成立）相信 p 时，S 知道 p，这意味着认知封闭是错误的。[①]当然，人们也许想知道，在德雷茨克的视角下，我们通过观看如何能够知道一只动物是斑马，因为即使这只动物是乔装改扮的骡子，我们的理智（以其认知方式）似乎也能获知。对德雷茨克而言，答案是采纳一种相关的知识替代观。这里的基本观点是，一个理由要成为确凿的，就必须排除所有相关的替代方案，并且在许多情境中，那只动物是一头乔装改扮的骡子这一替代方案根本不具相关性。

[①] 请注意，德雷茨克的知识观与罗伯特·诺齐克对知识的敏感性定义之间存在相似性，后者也需要否定认知封闭。

第一部分 知识的本质

回应

大多数知识论者都没有跟随德雷茨克否定认知封闭。有些人认为，在这个案例当中，显然爱波尼的确知道那只动物不是一头乔装改扮的骡子。其思想是，使爱波尼知道她看见的是一匹斑马的原因，也使得她知道她不是在看一头乔装改扮的骡子。比如，爱波尼意识到她在动物园常常看到斑马，但是不常看到骡子；她从来没有听说过动物园会改扮骡子这种事；她没有理由认为动物园管理员是恶作剧者，或者不诚实；诸如此类。因此，使爱波尼知道她看见的是一匹斑马的原因，也使得她知道她不是在看一头乔装改扮的骡子。于是，有些人回应称，我们可以解释在这个案例当中发生的事情，而无须放弃这三个显然合理的主张中的任何一个。

一些知识论者在没有否定认知封闭的前提下，回应此类案例的另一种方式是，声称"知识"是语境敏感的。这里的观点大致就是，某人拥有知识是否为真，是因语境而异的。所以，在安德鲁提出这种可能性之前，在"那只动物是一头乔装改扮的骡子"的可能性无关紧要的语境当中，我们也许会认为"爱波尼知道那个动物是一匹斑马"为真。但是，一旦安德鲁提出了"那只动物是一头乔装改扮的骡子"的可能性，"爱波尼知道那只动物是一匹斑马"的说法就不再为真了。这种回应允许我们在未放弃认知封闭的前提下，接受爱波尼的确知道她在看斑马（在某些语境中），并且也接受爱波尼的确不知道她不是在看一头乔装改扮的骡子（在某些语境中）。

9

知识与奠基：迷信的律师索尔

背景

为了理解这个思想实验，我们必须首先考虑奠基关系。常见的情况是，区分你对它的相信得到辩护的事情（命题辩护）与你证成地相信的事情（信念辩护）。即使你其实并不相信某事，你相信它也可以得到辩护。因而，你不会自动地、证成地相信你相信得到辩护的一切。事实上，在某些案例当中，你相信某事或许能够得到辩护，并且你也相信它，可是你仍然无法证成地相信它！在此，让我们进入伦理领域做一次极其简短的巡礼，或许能够对理解这一问题有所助益。

在德性方面，我们可以区分仅仅做正当的事情与出于正当的理由做正当的事情。例如，如果你扶助一位老人过一条繁忙的马路，那么你就是在做正当的事情。但是，如果你扶助这位老人只是为了能够抢劫他，那么你虽然做了正当的事情（扶助这位老人过马路），但却是出于不正当的理由（与其说是扶助他，不如说是抢劫他）。此类事情也适用于知识论。可以说，你可以相信正确的事情（那你相信正确的事情得到了辩护），但你是否出于正确的理由而相信正确的事情（证成地相信），则是另一回事。为使相信某些主张得到辩护，你必须有充分的理由/证据认定那些主张为真。为了证成地相信某些主张，你不仅必须有充分的理由认定那些主张为真，而且必须是因为那些充分的理由而相信那些主张的，也就是你必须把你的信念建立在那些理由之上。为了使某个信念被视为是证成地相信的，你的信念必须与你对该信念的辩护之间具有某种特定的关系，我们一般将这种关系称为"奠基关系"。

为什么这一点如此重要？一个理由是：大多数知识论者都认同一个观点，即为了获知某个命题 p 为真，你必须证成地相信 p。也就是说，仅仅 p 为真，你相信 p，并且你对 p 的相信得到辩护（即便你满足了排除盖梯尔难题所需的所有条件），这些都还不足以构成知识。知识要求你的信念 p 切实地建立在你对 p 的辩护之上。

最常见的关于奠基关系的观点认为，它是一种因果的或者反事实依赖的关系。基于对奠基关系的这种理解，当某人获得一个证据导致他拥有信念 p，或者（假设因果关系不仅仅是反事实依赖的问题）某人的信念反事实地依赖于他获取支持相信 p 的证据时，我们就说某人的信念 p 是建立在他对 p 的证据之上的。说某人的信念反事实地依赖于他获取一些证据，意味着以下两项中的一项或者两项：其一，如果某人的确没有证据，那么他就不会获得信念 p；其二，如果某人拥有证据，那么他就会获得信念 p。这种观点简单来说就是，当某人获得解释为什么他拥有这个信念的证据，以及/或者如果他将要缺失他拥有的证据，这种证据的缺失将会解释为什么他没有这个信念时，我们就说，他的信念 p 是建立在他的证据之上的。

【关键词】 奠基关系

索尔是一名精干但却没有道德原则的律师，同时他还非常迷信。一般而言，他的迷信不会影响他作为一名律师履行职责。不过，在下列情形之中，他的迷信会影响他履职。

索尔正在为一个委托人辩护，此人因四起骇人听闻的罪行而受审。索尔知道一个事实，就是他的委托人犯下了其中的三种罪行。不过这对索尔来说并不重要；他仍然会尽可能进行最好的辩护。毕竟，索尔总是说确保有罪之人受到惩罚是检察官的工作，而他的工作则是打赢官司，并确保委托人不进监狱。索尔不在乎他的委托人是不是清白的。实际上，他倾向于相信他的委托人是有罪的。不过，在这个特殊的委托人的案例当中，有趣的事情发生了。索尔已经知道，这个委托人犯了四种罪行中的三种。然而，在开庭前几天的某个下午，索尔审查与第四起罪行有关的全部证据，惊讶地意识到，他的委托人在这一罪行中实际上是清白的，有确凿的证明材料。尽管如此，索尔还是无法使自己相信他的委托人是清白的。在他看来，虽然这些证据为认定这个委托人是清白的提供了非常好的理由，但是他依然相信他的委托人是有罪的。

那天夜里晚些时候，索尔为了理清自己的头绪，去拜访了一位算命先生。这位算命先生对与审判相关的证据一无所知，也完全没有货真价实的神通能力，他告诉索尔，这个委托人在第四种罪行中是清白的。索尔有大量的证据可以证明这位算命先生没有货真价实的神通能力，可是即便如此，他还是非常迷信，并且继续相信算命先生。在这种情况下，一旦算命先生告诉他，委托人在这种罪行中是清白的，索尔就会立即相信委托人是清白的。索尔现在确实知道他的委托人是清白的吗？

让我们来进一步了解，这里所发生的事情及其关键问题。索尔在审查这些证据之前，显然不知道他的委托人是清白的，因为他没有理由如

第一部分　知识的本质

此认为，而且他有非常充分的理由认定他的委托人是有罪的（毕竟，这家伙犯了其他三种罪行；还有，索尔几乎从来不为清白之人辩护——请记住，他是没有道德原则的）。索尔审查完这些证据，很明显他还不知道他的委托人是清白的。他不相信他的委托人是清白的，也不知道知识需要信念。可是，在他见过算命先生之后呢？现在，索尔相信他的委托人是清白的，这个委托人在这种罪行中事实上是清白的，并且索尔有充分的理由认定他是清白的。更重要的是，索尔没有处在导致盖梯尔难题的那种情形之中。索尔现在知道他的委托人是清白的吗？

　　重要的是，如果索尔确实知道他的委托人是清白的，那么这个案例对"奠基关系是一种因果的或者反事实依赖的关系"这一观点而言就是一个反例。为什么是反例呢？因为索尔的信念，即委托人是清白的，并不是由他获得的证据导致的。毕竟，他是拿到了证据，可是这些证据并没能让他相信委托人是清白的。他的客户是清白的，并不是因为他有证据相信这一点；相反，算命先生的说辞使索尔相信他的委托人是清白的。同样，他的信念并没有反事实地依赖于他的证据。他拿到了证据，但是没有形成他的委托人是清白的这一信念。如果他没有那份证据，这对他相信自己的当事人是清白的这一信念也不会产生任何影响。一旦算命先生告诉索尔，他的委托人是清白的，他就会相信他的委托人是清白的。倘若索尔不知何故，遗失了所有证明他的委托人的清白的证据，而算命先生仍然告诉他，他的委托人是清白的，那么他仍然会相信委托人是清白的。对索尔相信他的委托人是清白的而言，似乎重要的只是算命先生告诉他的那些。总之，如果索尔知道他的委托人是清白的（这将意味着他证成地相信委托人是清白的），那么奠基关系就不可能是因果的或者反事实的关系。因为对于他的信念而言，他的证据不具备相关类型的因果关系或者反事实关系。

基斯·莱勒（Keith Lehrer）起初提出这种案例的目的，是试图为奠基关系的因果或反事实观点提供一个反例。按照莱勒的说法，索尔在见过算命先生之后确实知道他的委托人是清白的。如前所见，如果莱勒所言不差，那么这将非常重要，因为它表明奠基关系不可能是一种因果关系或者反事实依赖关系。莱勒将此作为这个案例的教训，并暗示奠基关系其实是一种信念关系。这里的观点大致就是，将某人的信念 p 建立在他的证据之上，这要求某人的证据对相信 p 提供了足够有力的理由。

回应

那些认为奠基关系是一种因果关系或反事实依赖关系的人所赞成的回应是干脆地否认索尔知道（或者甚至证成地相信）他的委托人是清白的。这种回应坚称，虽然索尔相信了正确的事情（他的委托人是清白的），但是他是出于错误的理由而相信的（因为这是算命先生告诉他的，而不是源于他的证据推理得来的）。

对这个案例的另一种回应是，像莱勒所做的那样，接受索尔知道他的委托人是清白的这一观点，同时坚持认为这并不表明因果关系及反事实依赖关系与奠基无关。这种回应认为，索尔的案例表明，因果关系或反事实依赖关系对奠基而言不是必要的，而是充分的。换句话说，这种回应的关键思路是，索尔的案例表明，即使某人的证据不会导致他的信念 p 生成（或者没有反事实地依赖于他的证据），他也能够证成地相信 p。尽管如此，在某人的证据确实导致他的信念 p（或者某人的信念反事实地依赖于他的证据）的情况下，他确实也证成地相信 p。因此，这种回应试图在奠基关系的因果/反事实观点与信念观点之间找到一个居间立场，其方法就是，允许证成地相信所需要的内容，要么是由因果/反事实观点所提供的，要么是由信念观点所提供的。

10

语境主义：前往银行

背景

在日常英语中，有许多单词是语境敏感的。这些单词在不同的会话语境中，有着不同的含义（因此，在不同语境下，将包含这些单词的句子视为真的条件也不同）。例如，在讨论将花瓶置于何处的语境中，你说"餐桌是平的"，此时你也许是对应着对的语境在说。然而，如果你们正在讨论于何处进行一项极其灵敏的实验，那么你说"餐桌是平的"，似乎就没有对应到对的语境。"平的"一词是语境敏感的，说某物是平的是否为真，会因为会话语境而不同。有些人论证过，"知道"及其相关术语也是语境敏感的。

【关键词】语境主义

我们来想象两种情景。第一种情景是，周五下午，莎莉和她的妹妹莎拉走在回家的路上，她们还没想好是不是应当顺便去趟银行。她们的祖母给她们一人寄了一张用于生日的支票，而银行的移动储蓄 App 运行不了。对她们来说，在下周到来之前把钱存入账户并不是很重要，但是她们宁可早点而不是晚点去存钱。当然，如果她们能第二天，也就是周六再去，那将比今天花时间去方便很多。莎拉说："我们还是回家吧，明天去银行，它会开门的。乔治今天早些时候跟我说，他上周六在银行，他知道银行明天会开门。"莎莉回答道："好吧，既然乔治知道银行明天会开门，那我们就先回家吧，明天再来存这些支票。"

第二种情景是，周五下午，莎莉和她的妹妹莎拉在回家的路上，她们还没想好是不是应当顺便去趟银行。她们的祖母给她们一人寄了一张用于生日的支票，而银行的移动储蓄 App 运行不了。对她们来说，在下周到来之前把钱存入账户非常重要。如果她们没有将这些支票存入，她们就无法支付房租。当然，如果她们能第二天，也就是周六再去，那将比今天花时间去方便很多。莎拉说："我们还是回家吧，明天去银行，它会开门的。乔治今天早些时候跟我说，他上周六在银行，他知道银行明天会开门。"莎莉回答道："你确定吗？乔治也许搞混了他上周是哪天在那里的。还有，银行如果调整营业时间，周六不开门也是有可能的。乔治并不是确切地知道明天银行会开门。我们现在就去银行，把这些支票存进去。"

这两种情景的一个核心问题是，当莎莉在一种情景中说乔治知道银行周六开门，而在另一种情景中却说乔治不知道时，她是否两次都说了真话。这个问题特别有趣的地方在于，我们也许有这种直觉，即莎莉两次说的都是真话。换言之，在第一种情景中，莎莉说乔治知道银行周六开门，她是对的；在第二种情景中，莎莉说乔治不知道银行周六开门，她也是对的。在这两种情景当中，乔治没有任何不同，银行也没有半点异样！所以，倘若在第一种情景当中，莎莉把知识归因于乔治是对的，而在另一种情景当中，莎莉不把知识归因于乔治也是对的，那不可能是

47

因为从一种情景到另一种情景，乔治的状况发生了变化。相反，倘若莎莉在这两种情景当中都是对的，那一定是因为在这两种情景之中，她自己的处境有所不同。对莎莉和莎拉而言，今天不去银行也不会误事的实情，必然会使她们更加容易认定，乔治知道银行周六开门。

吉斯·德罗斯（Keith DeRose）为证明"知道"这个单词是语境敏感的，率先引介了银行这一案例。为了更好地掌握这一点，我们来想一想另一个显然对语境敏感的单词——高。当我们把一个两岁的孩子与另一个两岁的孩子相比较时，我们说他高，这或许为真。不过，当语境是与 NBA 球员的身高相比较时，我们说这个两岁的孩子不高也为真。同样地，德罗斯（和其他人）认为，说某人知道是否正确要取决于语境。重要的是，在这种被称为"语境主义"的观点看来，相关语境是说话者（说某人知道或者不知道某事的人）的语境，而不是潜在的知道者（假设知道者与说话者不是同一个人）的语境。因此，语境主义认为，我们应当对这些案例做出的判断是，莎莉两次说得都对。因为，在第一种情景中，她处在不去银行不太误事的语境里面，所以把知识归属于乔治是对的；在第二种情景中，她处在不去银行会很误事的语境里面，所以把知识归属于乔治是不对的。

回应

对于此类成对的案例，人们已经做了许多实证研究来回应。做这些研究的目标是，厘定非哲学家是否认为，知识的归属会随利害关系的变化而改变。研究的结果形形色色。一些研究表明，当莎莉根据自己的处境改变是否把知识归属于乔治时，人们倾向于说她是对的，似乎证明了语境主义是正确的。一些研究又表明，人们在归属知识时，其实关注的是乔治所面临的利害关系是高还是低。还有一些研究认为，人们并不倾向于因为利害关系的提高或降低而改变他们对知识归属是否正确的判断。这些实证结果与针对这种案例的三种主要回应是一致的。

一种回应否定语境主义，但却与之相近，因为它坚持认为，把知识归属于某人是否正确的标准会随利害关系的变化而改变。这就是所谓的"主体敏感不变论"或者"实用侵入"。这种回应认为，相关的利害关系属于潜在的知道者。所以，实用侵入回应说，在上述情景中，说乔治知道/不知道银行开门是否为真，这取决于对乔治来说利害关系有多大。如果对乔治来说，银行周六开门确实非常重要，那么相对于银行周六开门不太重要，他在前一种情景下会更难拥有知识。

还有一种回应有时被称为"经典不变论"或者"稳定不变论"。这种回应的观点是，"知道"不是语境敏感的，而且对"知识"的要求不会随着利害关系的提高或降低而改变。在这种回应看来，如果乔治在一种情景之中知道或不知道，那么他在另一种情景之中也是如此。此外，这种回应还声称，莎莉使用的"知道"一词，在两种语境之中意思完全相同——正确地归属知识所需满足的标准不会因利害关系的变化而改变。在论及莎莉于两种情景之中所说的话时，稳定不变论者或许会说，她只是在一种或者另一种情景之中错了，又或许说，她在两种情景之中都对，只是由于在至少一种情景之中，她说得不精确而已。例如，这就像当我们说"现在是3点钟"时，此刻事实上是3：05分。

49

第二部分

知识的限度

EPISTEMOLOGY:
PUZZLES, PARADOXES, AND THOUGHT
EXPERIMENTS

思想实验：关于真知的 50 个谜题、悖论与思考
EPISTEMOLOGY: 50 PUZZLES, PARADOXES, AND THOUGHT EXPERIMENTS

怀疑论

哲学怀疑论有很多种形式。各种形式的怀疑论所共有的主要特征是，它们否认我们在某些领域拥有知识。例如，一种显著的怀疑论形式就否认我们知道关于外部世界（我们心灵以外的世界）的任何事情。各种怀疑论的另一个共同点是，它们通常是由诉诸有关的可能的怀疑论情境的思想实验所激发的，比如我们被魔鬼戏弄了，或者我们其实只是在体验计算机仿真情境。当然，这些怀疑论情境通常十分古怪，可是这并不妨碍它们的功能性。对一个怀疑论情境而言，要想发挥出其功能，所需要的条件只是该场景是可能的（广义上的"可能的"）。

数百年来，讨论怀疑论情境与回应怀疑论论点，一直是知识论的中心要点。这一事实或许会给人一种错误印象，即大多数知识论者都是怀疑论者。实际上，大多数知识论者都认为，更加著名的怀疑论形式（诸如外部世界怀疑论）是错误的。认识到大多数知识论者都不是怀疑论者，但他们却已经耗费（并将继续耗费）大量时间来思考怀疑论，这显示出一个问题：如果几乎没有人真正接受哲学怀疑论，那么他们为什么还要费心去思考怀疑论情境与怀疑论论点呢？理由有很多，其中两个值得一提。一个理由是，虽然没有多少知识论者持有这种怀疑论，但恰好有一些著名的知识论者持有。当见多识广的学者们诚恳地持有一个立场时，尽管这个立场非常不受欢迎，但也是值得仔细思考的。另一个理由是，通过仔细思考怀疑论情境及其所支撑的论点，我们可以更好地理解知识的本质（和相关的东西，如辩护与理解）以及我们的知识的限度。这个理由尤为重要。如果我们明白，许多思想实验旨在帮助我们思考获得知识真正需要什么，并且挑战我们对于知识范围的常见假设，那么我们就能更好地领会接下来的思想实验。

11

外部世界怀疑论：笛卡尔的魔鬼

背景

我们通常自认为知道许多事情，而哲学怀疑论者却质疑我们是否真的拥有我们自认为拥有的知识。重要的是要记住，一般的怀疑论者不会声称：因为我们的信念为假，所以我们无法获得知识；相反，他们通常坚持认为，给我们的信念提供支撑的理由/证据不足以让我们真正知道。

【关键词】 笛卡尔的/外部世界的怀疑论

请思考一下，你知道的你周遭的一些事情，你正在读这本书，也许你正坐在椅子上，你有双手，诸如此类。你为什么相信这些事情呢？你大概是基于你的经验而相信它们的。譬如，你相信你正在读这本书，因为看起来就像你手里有一本书，感觉就像你手里有一本书，等等。到目前为止，没有什么问题。

但是，你的经验可曾让你误入歧途？比如你可曾想过，你看见了某物，可当你走近后，却意识到它并不是你所想的那样。或者，你是否熟悉任何知觉错觉，譬如穆勒–莱尔错觉（见图 11–1 所示）。

图 11-1　穆勒 – 莱尔错觉

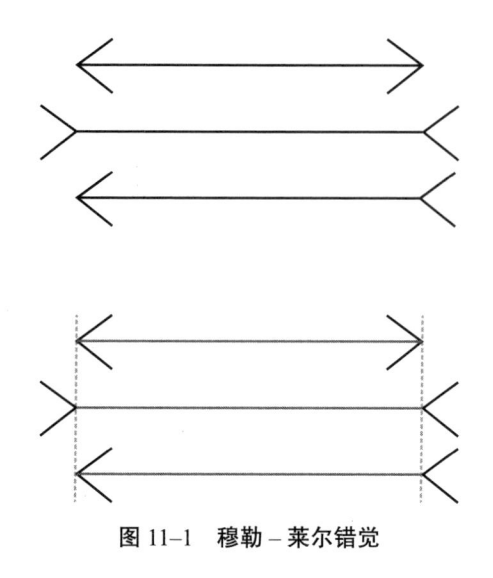

在穆勒 – 莱尔错觉中，线条的长度似乎不同，但其实它们是相同的。我们的经验并不完全可信，也就是它们有时候会把我们引入歧途。意识到这一事实后，笛卡尔感到担忧。如果我们的经验有时会把我们引入歧途，那么我们怎么能够知道，它们什么时候会把我们引入歧途，什么时候又不呢？目前还不清楚我们能否知道这一点。但是，如果我们一般而言无法辨明我们的经验是否把我们引入歧途，那么似乎有可能它们总是在这么做。

笛卡尔思考了以下这种情形。想象一下，有一个拥有上帝般力量的存在，这个存在有着恶毒的意图。这个特殊的存在，即一个魔鬼，决定花时间和大量资源来戏弄你，让你相信你周遭的虚假事物。如果情形真是这样，那你会被戏弄以致认为你正在读一本书，而实际上你手里根本没有书吗？看起来会。你会被戏弄以致认为你有双手，而实际上你没有吗？看起来会。毕竟，魔鬼以其上帝般的力量，难道不能让你拥有它想要的任何一种感知体验吗？想必你不会认为，你其实被笛卡尔所描述的

第二部分 知识的限度

那种魔鬼给戏弄了。但是,为什么不会呢?无论是你所认为的那样,还是你被笛卡尔的魔鬼给戏弄了,事物的外观、质地、气息、声音和滋味都将与此刻正好一样。既然世间万物看起来都一样,那么你有什么理由认为,世界是你通常认为的那样,而不是你被魔鬼戏弄了呢?(当然,没有什么特别的事情取决于这个理念,即有一个魔鬼正在此处搞恶作剧:可能我们正在经历诸如电影《黑客帝国》所描述的计算机仿真情境,也有可能我们不过是"缸中之脑",这些可能性所起到的作用和笛卡尔所讨论的那个恶魔是一样的。)

现在,我们面临着一个严重的问题。如果你没有理由认为,世界是你通常认为的世界,而不是你在其中被一个魔鬼戏弄的世界,那么你似乎也没有充分的理由相信你平常对于周遭世界所做的事情。这揭示出我们面临着一个非常有力的怀疑论的论点。为使笛卡尔的魔鬼支撑的论证更加明晰,我们在此列了一组简单的公式:

- 你不知道你没有被笛卡尔的魔鬼戏弄;
- 如果你不知道你没有被笛卡尔的魔鬼戏弄,你对周遭世界就一无所知;
- 因此,你对周遭的世界一无所知。

回应

对笛卡尔的魔鬼的一种回应是,完全接受怀疑论。也就是说,人们也许会承认,我们不可能有理由认为,我们没有被这样的魔鬼戏弄。因此,人们也许会接受,由于存在我们被这样的魔鬼戏弄的可能性,因此实际上我们是缺乏对于周遭世界的知识的。自笛卡尔以来，绝大多数知识论者都没有选择这种回应。相反，大多数知识论者都试图找出由这个案例而生成的怀疑论论证的缺陷。

当代学者对这个论证的一种回应是，欣然接受一种可靠主义形式的外在主义。这种回应的观点大致是，只要你的信念是可靠地生成的（只要生成这些信念的认知能力倾向于生成的真信念多于假信念），你就知道你周遭世界的事情。根据这种回应，你没有理由认为你没有被一个魔鬼戏弄这一事实并不重要。同样地，如果你的信念，即你没有被一个魔鬼戏弄是可靠地生成的（并且为真），那么这也相当于知识。所以，根据这种可靠主义者的回应，此怀疑论论证的前提 2 为假，因为你是否知道你没有被一个魔鬼戏弄并不重要。重要的是，你的真信念是可靠地生成的。考虑到可靠主义，前提 1 或许也为假。只要你相信你没有被一个魔鬼戏弄，你没有被一个魔鬼戏弄为真，并且你的信念是可靠地生成的，可靠论者就会认为你知道你没有被戏弄。

另一种外在主义者的回应是，接受在先前章节中探讨过的那种知识的敏感性定义，或者某种类似的相关替代方案对知识的定义。这两种知识的定义都包含对闭环的否认，意味着上述论证的前提 2 亦为假。根据这两种回应，你不知道你没有被一个魔鬼戏弄有可能为真，但是你知道你周遭世界的事情也可能为真。

语境主义为怀疑论的这种形式提供了另一种回应。语境主义者声称，在日常语境当中，说"S 知道她周遭的世界"为真，因为说错的风险很低（这样做的理由是，怀疑论的替代方案并不显著）。当你处于怀疑论情境中（一种怀疑论的可能的情境，如你被一个魔鬼戏弄了，被置于显要位置），说"S不知道她周遭的世界"也为真。根据这种回应，怀疑论的论证是无效的，因为它没有考虑到日常情境与怀疑论情境之间的差异。

另一种回应是正面面对怀疑论者并与之争论道：你的经验的确给了你理由，让你认为你没有被一个魔鬼戏弄，并且依据这些理由来否定前提1。推进这种回应的、更加流行的方式之一争论道：你对世界的日常看法就是对你身处其中的经验的最好解释。由于这个最好的解释比竞争对手怀疑论者的解释，如你被一个魔鬼戏弄了，要好得多，所以你有充分的理由认为你没有被魔鬼戏弄。

不过，还有一种回应是采用摩尔方法。对此情形的这种摩尔式回应大致采用了下列方法。很明显，你知道你对周遭世界的事情了如指掌。事实上，它是如此显而易见，以至于比起确定由思考笛卡尔的魔鬼而生成的怀疑论论证是合理的，你能够更加确定你知道你周遭世界的事情是正确的。因此，这种摩尔式回应认为，既然你知道你周遭世界的事情比怀疑论论证是合理的这一点更加显而易见，那么你就应当拒斥这个怀疑论的论证。你不需要知道这个论证究竟有什么问题，你只需要知道它是错的就行。

一种不同的回应运用了路德维希·维特根斯坦（Ludwig Wittgenstein）1969年提出的"枢轴命题"思想。这种回应坚持认为，有些事情你可以直接有资格相信，因为它们在你的认知生活中扮演着基础性的角色。在此意义上，你有资格相信的一件事是，你没有被笛卡尔的魔鬼戏弄。所以，这种回应坚称，即使你没有理由拒斥你被一个魔鬼戏弄了的可能性，你也可以知道你周遭世界的事情，因为你有资格相信你没有以这种方式被戏弄。

还有一种回应认为，怀疑论者所描绘的这种情境，根本不是一个怀疑论情境。此处的观点是，即使你以某种方式发现自己被一个魔鬼戏弄了，也不会致使你对周遭世界的日常信念为假。相反，这一发现将使你了解一般对象的基本性质。你将了解到，像桌子和椅子这样的东西与你想象的非常不同——它们不是由微小的颗粒组成的，而是魔鬼给你的刺激模式。换句话说，知道你被笛卡尔的魔鬼影响，就如同学习形而上学；又或者说，这类似于学习基础物理学。

12

梦境怀疑论：笛卡尔的梦

背景

在上一章中，我们领略了笛卡尔最著名的怀疑论情境之一。在本章中，我们将着眼于他的另一个著名的怀疑论情境。虽然我们认为，这两种情境都对我们关于外部世界的知识构成了威胁，但是一些哲学家进一步指出，它们的威胁方式有很大的不同。

【关键词】 知识论问题：笛卡尔的/外部世界怀疑论；梦境怀疑论

你有没有做过一个看起来如此真实的梦，以至于当它发生时，你没有意识到这是一个梦？你可能对这种梦很熟悉——它看起来如此逼真，以致当你醒来时，你甚至有点分不清东南西北。做完这样的梦之后，你需要花一些时间才能搞清楚，你当下是醒着的，而那个看起来很逼真的场景其实只是一个梦。或许你从来没有做过这样的梦，但是想必你仍然能够想象这样的梦会是什么样子。笛卡尔让我们思考：如果你做过这样一个梦（或者即便你只是在想象，自己正在做这样一个梦），那么你知道你此刻不是在做这样一个梦吗？你又如何能够确定呢？当然，你也许会认为，一个梦远比读这本关于知识论的书更激动人心（还有什么能比知识论更加激动人心呢？！）。但是，在不包括你有超能力或者做任何令人惊叹之事的意义上，难道梦境就不可以是现实吗？有没有可能（从广义上讲）——尽管几乎不可能，你可能会做一个梦，梦中的一切看起来都恰好和你醒着的时候一样？

笛卡尔注意到，在论及关于外部世界的信念时，可能在你看来，你在读一本书，而实际上你正躺在床上睡得正香。如果那些事物看起来、摸起来……能像现在一样，但其实你是在做梦，你如何能够知道你是醒着的，而不是在做一个生动的梦？我们似乎面临着一个怀疑论的挑战，它与大规模欺骗的可能性所构成的挑战非常相似。毕竟，如果你不知道自己没有睡着，那么你似乎也并不真正地知道你周遭世界的事物是你所想的那样。

起初，我们也许倾向认为，这种梦境怀疑论与那种由骗人的魔鬼或者计算机仿真装置所带来的怀疑论挑战相似，不过它们之间至少存在一个非常显著的区别。你从来没有见过笛卡尔的魔鬼，也从来没有置身于一个强大到足以完全模拟你的日常经验的计算机仿真装置之中。但是，你曾经梦见过！因而，虽然你也许会认为，你被一个魔鬼戏弄了或者你在计算机仿真装置之中的想法是荒谬的，所以基于这些可能性的怀疑论应当被无视，但是以这种无视来回应做梦怀疑论却有点困难。认为你也许会做一个生动的梦，其与现实难辨真假，这并不荒谬——人们（甚或是你）曾经做过、现在还在持续做着这样的梦。诚然，从这种梦到完全模拟清醒生活，以致你无法分辨你此刻是否醒着的梦，是一个很大的转变。但是，怀疑论者也许会追问：你怎么知道你曾经醒过？例如，有些人（或许你还是其中之一）在梦中做梦——他们正在做梦并且即将醒来，但这却是更大的梦的一部分。既然如此，你为什么认为自己此刻确实是醒着，而不是在做梦呢？你为什么认为你这辈子不是在做梦呢？

如果你无法确定你是否醒着，那么你又如何知道你周遭世界的任何事物呢？我们可以更严谨地表达这种怀疑性的担忧：

- 你不知道你没有在做梦；
- 如果你不知道你没有在做梦，那么你就不知道你周遭世界的任何事物；
- 因此，你不知道你周遭世界的任何事物。

回应

梦境情境所引发的怀疑论论证，与上一章节的论点非常相似。许多知识论者把由笛卡尔的梦所带来的挑战与由笛卡尔的魔鬼所构成的挑战视为一样，这或许不足为奇。总的想法是，这两种可能性都威胁到我们对周遭世界的认识，因为它们提供了一种潜在的解释，说明我们如何拥有相同的经历，而没有像我们认为的那样与我们周遭的世界进行切实的互动。因此，对于由笛卡尔梦境所引发的怀疑论论证，人们往往也会诉诸前一节中讨论过的那些回应方式。

然而，有些人坚持认为，梦境怀疑论所构成的威胁与魔鬼式怀疑论所构成的威胁，有很大的不同。这种回应认为，当你沦为笛卡尔所说的魔鬼的受害者时，即便你手中此刻并没有书，你也可能会被误导，以为自己正拿着一本书。笛卡尔的魔鬼与其他怀疑论情境有赖于某种戏弄——好像 p 为真（比如你拿着一本书），其实 p 为假（你没有拿着一本书）。由你做梦的可能性所带来的那种怀疑论的挑战似乎有所不同。毕竟，可能你实际上拿着一本书，而你做梦也是如此。在这种情况下，p 好像是真的，它确实是真的，然而你的认知能力却已经被削弱了。对这两类怀疑情境之间差异的思考，使一些人得出这样的结论：即使我们可以用相同的回应方式来应对这两类怀疑论论证，但梦境这一可能性仍然向我们揭示了一个关于怀疑论论证运作方式的重要道理，即它们并不需要提出一个我们的信念是假的情境，也能削弱我们的知识。

话虽如此，至少有一种非常著名的对梦境怀疑论的回应，将它与笛卡尔的恶魔之间的差异视为解决这一问题的关键。这种回应分为两个步骤。其一，这种回应认为，梦就像想象一样。正是由于梦的这种特征，我们在做梦时，实际上并没有形成关于我们的梦的内容的信念。例如，你梦见自己拿着一本书，根据这种回应，你实际上并没有形成一种信念，即你正拿着一本书。相反，梦见自己拿着一本书，和你没有拿书的时候想象自己拿着一本书是一样的。其二是依靠安全性模态概念。回想一下第 1 章和第 3 章的内容，S 对 p 的信念是安全的，当且仅当在与这个世界最接近的那些世界中，只要 S 相信 p，p 就是真的。由于这种回应认为我们在梦中实际上并不会形成信念，因此我们的信念在面对梦境世界时是安全的。我们可以通过分析你"正在拿着一本书"这一信念的例子，仔细考察这种观点的运作方式。这种想法是这样的：你的信念，即"你拿着一本书"可以算作安全的，因为即使一个梦境世界与现实世界很接近，在你相信 p 的最近的世界里，p 仍然为真。这是为什么呢？因为你相信 p 的世界是你于其中醒着并且感知着那本书的世界。在梦境世界里，你其实并不相信 p。因此，在这些世界里，当 p 为假时，你不

可能相信 p。由于这种回应认为,你的信念要算作知识,所需要的只是其为真并且安全,所以它坚持认为,无论你在做梦的可能性如何,你都可以知道你周遭世界的事物。

13

过去怀疑论：罗素的 5 分钟宇宙论

背景

外部世界怀疑论也许是哲学怀疑论中讨论得最广泛的形式。不过，有些人认为，针对我们通过记忆提供的这类知识的怀疑论，是一个更难解决的问题。

【关键词】 过去怀疑论；记忆怀疑论

宇宙的历史有多长？目前最先进的科学理论告诉我们，宇宙大约有 140 亿年的历史。但是，我们是怎样确证的呢？我们来考虑两种可能性：一种是，宇宙和我们所想的一致；另一种是，宇宙和它之中的一切正好都如此刻一样，但它不是在 140 亿年前，而是在 5 分钟前突然形成的。当然，你也许会立即做出回应，指出宇宙似乎不像是在几分钟之前轻易就能突然形成的。可是，怎么就不能形成呢？宇宙 5 分钟论似乎并不存在任何逻辑层面的矛盾：宇宙诞生于几分钟前，看起来好像更古老并且充满了像你这样的人，你们的头脑中充斥着大量对于更遥远过去的错误记忆。你怎么就能分辨出 5 分钟宇宙与 140 亿年宇宙之间的差异呢？在这两种情境中，你和其他所有人凭记忆都分辨不出来。任何你能够举出并作为宇宙有 140 亿年的理由的证据，在这两种情境之中都可以被举出——只不过在一种情境中，它是真实的；而在另一种情境中，它则具有误导性。既然这两种情境无法凭经验区分开来，那么为何我们就应当认为，我们是处在其中一种情境中，而不是处在另一种情境中呢？

5 分钟宇宙论的可能性催生了一种怀疑论的挑战，它在某些形式上类似于外部世界的怀疑论。当然，这两种怀疑论之间存在着一个显著的差异。怀疑论的挑战在此没有质疑你对周遭世界的知识。毕竟，即使宇宙只有短短 5 分钟的历史，也不能表明你的感官在欺骗你，或者你仅仅是在做一个生动的梦。因此，举例来说，你仍然能够知道，自己此刻正在阅读这本书。不过，5 分钟宇宙论的可能性似乎在你关于过去的知识上打上了问号。如果你不能确定宇宙的历史是否和你所想的一样长，那么你就无法恰如其分地知道，你所相信的关于过去的事情是否为真。撇开外部世界怀疑论与过去怀疑论的差异不谈，它们在结构上似乎较为相似。问题在于，存在一个与现实世界无法区分的怀疑论情境，而这个情境的可能性似乎导致你无法获取对应类别的知识（譬如关于周遭世界或者过去的知识）。

对这一处境的思考，也可能对你是否能够相信你的记忆构成挑战。如果宇宙只有 5 分钟的历史，那么你的所有来自 5 分钟以外的记忆都将为假。这意味着你的绝大多数记忆都将为假。如果你不能确定宇宙并非只有 5 分钟的历史，那么你似乎也就无法确证你的记忆不是假的。这种过去怀疑论会让你起疑：你究竟能否完全信任你的记忆？毕竟，即便撇开对宇宙年龄的担忧不谈，你又怎能确定你的记忆是可靠的呢？你可能会想，你可以简单地测试一下你的记忆——想想你记得的事情，比如冰

65

箱里有饮料，然后去验证一下；如果你是对的，那么你的记忆是可靠的也就有了证据。虽然这看起来像是一个合理的测试，但是它有一个严重的问题——你将会一直依赖你的记忆。你必须依赖记忆才能确认，冰箱里有一罐饮料与你正在测试的记忆是相互匹配的。不幸的是，你似乎做不到合法地运用你的记忆来确证你的记忆是可靠的。想象一下，假如你准备去买辆小轿车，而你想弄清楚销售人员是否值得信赖。这时如果销售人员对你说："嘿，您想弄清楚我值不值得信赖吗？您问我就好啦！我会告诉您，我是值得信赖的。"你觉得你对这位销售人员能有几分信赖？一位销售人员告诉你，他值得信赖，这并不能很好地证明他值得信赖，对吧？你或许会担忧，用你的记忆来证明你的记忆是可靠的，这种做法与销售人员如出一辙。

让我们来总结一下。宇宙的年纪只有5分钟（在广义上）看起来是可能的，而且我们很难把一个有5分钟历史的宇宙与现实的宇宙区别开来。关于这种可能性的研究，引发了两种不同的怀疑论的挑战。第一种是过去怀疑论，它对我们关于过去的知识构成了挑战。第二种是记忆怀疑论，它对我们的记忆究竟能否给我们提供知识构成了挑战。如果我们考虑一种可能性，即罗素的5分钟宇宙论为真，且我们的记忆机制运行良好，那么我们就可以看出这两种怀疑论的区别。在这样一种情形下，记忆会容许我们知悉5分钟内的事情。不过，任何超出5分钟的事情都将为假。因此，在承认记忆能力运行良好、足以为我们提供知识的同时，我们也应当知道，记忆对我们关于过去的知识构成挑战至少是可能的。

回应

第一种怀疑论的挑战，即过去怀疑论，与外部世界怀疑论有着相似的结构。因此，许多为回应外部世界怀疑论而做的答辩，也被用来回应过去怀疑论。在此，我们将不再赘述这些回应。

对记忆可靠性的怀疑论，学界已经给出了许多种回应，循环问题居于核心位置。一种回应试图不依赖记忆来回应记忆怀疑论。这种一般性的回应背后的观点是，运用你当下的感知知识的特征作为记忆的可靠性证据。例如，你会认为，对你而言记得某事的最佳解释就是，你的确记得它。或者干脆这样来说，对你而言，成功预测到你正在阅读本书的直观感受的最佳解释就是，你的确记得自己几分钟前做过这个预测。

另一种回应则认为，并非所有的循环形式都是不好的。简而言之，如果你没有正面的理由去相信你的记忆，那么用循环的形式去建构记忆的可靠性就没有什么不妥。当然，面对我们正在探讨的记忆怀疑论的挑战，这一回应也不得不声称，宇宙的年龄只有5分钟的纯粹可能性并未提供出充分的理由，让你去迷信你的记忆。

还有一种对记忆怀疑论挑战的回应认为，这种怀疑论是自我挫败的。这种怀疑论会导致我们对一切综合推理持怀疑态度，可是对综合推理持怀疑态度是不理智的（此处的"综合推理"要做广义上的理解，即哪怕是只包含一对前提的简单论证，在此意义上也能够算作综合推理）。简而言之，如果我们无法信赖记忆，那么我们就无法信赖任何综合推理。为什么呢？因为我们必须依赖记忆去进行每一个综合推理。诚然，对综合推理持怀疑态度是不理智的，因为我们能够有理由怀疑综合推理的唯一途径，恰恰就是进行综合推理。如果我们无法信赖综合推理，那么我们就没有根据去怀疑综合推理。换言之，如果我们对综合推理持怀疑态度，那么我们就没有理由对综合推理持怀疑态度。既然关于综合推理的怀疑论是自我挫败的，那么任何致使我们对综合推理持怀疑态度的理论也都是自我挫败的。根据这种回应，记忆怀疑论把我们引向了关于综合推理的怀疑论。因而，这一回应认为，我们有理由拒斥记忆怀疑论，因为它是自我挫败的（有人认为，这种回应也适用于过去怀疑论）。

14

准则问题：笛卡尔的苹果分拣

背景

许多怀疑论的挑战都依赖这种观点，即我们的理由/证据可能具有误导性，但并非所有的理由/证据都是如此。通过质疑我们根本上是否能够拥有充分的理由/证据，准则问题威胁到了我们的知识。

【关键词】 知识论方法论；怀疑论

笛卡尔要求我们思考，尝试将好苹果与坏苹果区分开来。这是一项非常重要的任务，因为众所周知，一个坏苹果就能毁掉一堆苹果。当然，这很容易。你能区分好苹果和坏苹果，这没问题。但是想象一下：你对苹果完全不熟悉，身边也没有任何人告诉你如何区分它们。你面前有一个装满苹果的篮子，而你需要将它们分拣到几个篮子里。你如何区分好苹果与坏苹果？如果你知道以下其中一个问题的答案，你就可以确定另一个问题的答案：a.这个篮子里哪些苹果是好的？ b.你如何能够辨别哪些苹果是好的？如果你知道a的答案，你就可以运用该答案得出b的答案，然后继续分拣剩余的苹果。或者，如果你知道b的答案，你就可以用它来回答a。不幸的是，这两个问题的答案你都不知道。更糟糕的是，看起来在你能够知道 a 的答案之前，你必须已经知道 b 的答案；在你能够知道 b 的答案之前，你必须已经知道 a 的答案。这揭示出，你将度过一段异常艰难的分拣苹果的时光！这本质上是准则问题。

理解准则问题的一种主要方式正好就是，将苹果分拣问题应用于知识论的理论构建。当我们思考关于知识的这两个问题时，它就会出现：

A. 我们知道什么？

B. 我们该如何判断某件事是否算作知识？

问题是，就像对苹果进行分拣一样，我们需要知道 A 的答案才能回答 B，但我们需要知道 B 的答案才能回答 A。我们似乎被卡住了。我们根本无法确定，我们实际上知道什么。现在，我们可能只是假设一个 A 的答案，并用它来回答 B；或者我们只是假设一个 B 的答案，并用它来回答 A。但是，无论哪种情况，我们都会向任何走另一条路的人提出这个问题。就是说，如果你假设了 A 的答案，而其他人假设了 B 的答案，那么等到诸事完毕之后，你们彼此都不会有比对方更好的答案。鉴于此，我们可能会担心，人们没有办法合理地回答这两个问题。当然，这将给知识论的一个重要论域带来厄运——我们无法知道知识需要什么，甚至无法知道我们的哪些信念可以算作知识。

即使这个问题只出现在试图提出知识理论的知识论者身上，它也会是重要的。不过，它的威胁性远不止于此。我们来想一想道德推理。当我们尝试找出那些正确的道德理论时，我们面对的是某一版本的准则问题。毕竟，我们正试图回答这两个问题：

A ★ 哪些行为在道德上是允许的？

B ★ 我们如何确定某事在道德上是否允许？

同理，我们如果没有首先回答 B ★，似乎就无法回答 A ★；反之亦然。很难看出，我们如何能够在没有碰到这些问题的情况下，确定正确的道德理论。我们可能会担心，就像知识的情形一样，我们处于这样一种境地：我们于其中无法确定那些正确的道德理论，即什么使得行为在道德上是允许的，甚或哪些行为在道德上是允许的。

现在，我们可能倾向认为，这两个版本的准则问题之所以出现，是因为我们试图找出哲学理论。因此，只要我们不进行哲学的理论建构，我们就是安全的。所以，哲学从一开始就注定要失败，但是至少我们其余的智力生活是可靠的。不幸的是，这种对事物的看法低估了准则问题的覆盖范围。准则问题在其最一般的形式中可以从以下两个问题来理解：

A ★★ 哪些命题为真？

B ★★ 我们如何能够分辨哪些命题为真？

准则问题的所有其他形式，都只是这个一般架构的特殊实例。因此，与这个问题的所有其他版本一样，我们在能够回答 B ★★ 之前，似乎需要知道 A ★★ 的答案，但是我们在能够回答 A ★★ 之前，又需要知道 B ★★ 的答案，这不应当让我们感到惊讶。同样，我们可以简单地假设 A ★★ 或者 B ★★ 的答案，然后运用这个答案得出另一个问题的答案。但是，和前面一样，假设任何一个答案似乎都在乞题。所以，我们被卡住了。尤其令人不安的是，在这个一般的形式当中，它适用于我们可能想到的任何命题。准则问题的确拥有一个非常宽广的范围。

回应

学界对于准则问题有三种经典的回应：特殊论、方法论和怀疑论。我们先从怀疑论说起。怀疑论者认为，由于除非我们首先知道 A ★★ 的答案，否则我们无法知道 B ★★ 的答案，而除非我们首先知道 B ★★ 的答案，否则我们无法知道 A ★★ 的答案，因此我们无法知道任何问题的答案。因而，怀疑论者声称，我们甚至无法启动试图找出哪些命题为真的思考。我们没有充分的理由认为，任何特定的命题为真，也没有充分的理由认为，任何为确定哪些命题为真的特定的方法是可靠的。特殊论者假设了一个对 A ★★ 的答案，并用它来发展对 B ★★ 的答案。换言之，特殊论者从假设各种命题为真开始，看这些命题有什么共同点，以此提出一种确定其他命题是否为真的方法。方法论者假设了一个 B ★★ 的答案，并用它来回答 A ★★。也就是说，方法论者先是通过假设一个特定的方法开始，这个方法可以确定哪些命题为真是可靠的，然后再用这个方法来搞清楚特定的命题是否为真。当然，我们也许会担心，仅仅假设任何一个问题的答案是不充分的。这些回应的一些支持者承认，我们必须做出一些假设，但是他们也声称，这并不意味着怀疑论是对的——他们声称，怀疑论也必须从纯粹的假设开始。他们指出，怀疑论者必须假设，我们不能同时拥有 A ★★ 和 B ★★ 的答案。

不过，还有一种回应，从一开始就寻求避免对任何一个问题假设一个答案。解释论者建议我们从关于 A ★★ 和 B ★★ 的答案的直觉开始，而不是将这些问题的答案视为理所当然。紧接着，这种回应说要做出调整，直到我们最终在直觉方面处于反思平衡状态。简而言之，这里的想法是运用我们的直觉来提出对 A ★★ 和 B ★★ 的最佳整体答案，而不是从一开始就假设两个问题中的任何一个问题的答案。

15

信念基础怀疑论：削弱信念基础的魔鬼

背景

在此回顾一下奠基关系的一般性质是很重要的。它的基本思想是，为了使某人拥有一个证成的信念 p，这个人的信念 p 必须基于那些为她相信 p 提供辩护的证据/理由。

最常见的对奠基关系的观点认为，它是一种因果的或者反事实依赖的关系。基于对奠基关系的这种理解，当某人获得一个证据导致她拥有信念 p，或者（假设因果关系不仅仅是反事实依赖的问题）某人的信念反事实地依赖于她获取支持相信 p 的证据时，我们就说，某人的信念 p 是建立在她对 p 的证据之上的。说某人的信念反事实地依赖于她获取一些证据，意味着以下两项中的一项或者两项：其一，这可能意味着，如果某人的确没有证据，那么她就不会获得信念 p；其二，这可能意味着，如果某人拥有证据，那么她就会获得信念 p。这种观点简单来说就是，当某人获得解释为什么她拥有这个信念的证据时，或者如果她缺乏她所拥有的证据，那么这种证据的缺失将会解释为什么她没有这个信念时，我们就说，她的信念 p 是建立在她的证据之上的。

【关键词】 奠基关系；怀疑论

攻击知识论情境的较新的思想实验之一是削弱信念基础的魔鬼。不像其他诸如笛卡尔的魔鬼那样的魔鬼，削弱信念基础的魔鬼不会利用假象或类似的东西戏弄你。事实上，削弱信念基础的魔鬼不会做任何事情来剥夺你的想法的充分理由，也不会给你任何具有误导性的证据。相反，削弱信念基础的魔鬼是使你不相信你基于自己拥有的充分理由所做的事情。换句话说，削弱信念基础的魔鬼会导致，即使你相信各种命题都得到了辩护，你也无法证成地相信其中任何命题。

削弱信念基础的魔鬼能够有两种方式使你的信念不再基于你的理由。一种方式是，魔鬼使你不知道，其实是你的一些其他心理状态导致你去相信的。例如，假设你读了一篇文章，其中有一个很好的论点，认为知识论是哲学最重要的领域。据此，你相信知识论是哲学最重要的领域。在这个案例中，你证成地相信知识论是哲学最重要的领域——你相信这一点是基于充分的理由的。但是，削弱信念基础的魔鬼毁了你的一切。比如说，它能够使你阅读本页的当下经验，事实上成为导致你相信"知识论是哲学最重要的领域"的原因。与此同时，魔鬼能够使你以前读到的论点，对你相信你所做的事情没有任何影响。在这样的情形中，即使你相信正确的事情，但也是出于错误的理由。你的信念基础被削弱了。

魔鬼削弱你的信念基础的另一种方式是，你不再基于任何理由坚持你的信念，这是因为它直接使你拥有信念。所以，与其说是你的一些其他心理状态导致你相信"知识论是哲学最重要的领域"，不如说是削弱信念基础的魔鬼通过一种不可察觉的方式影响了你的大脑，导致你拥有了这个信念。再次，你的信念基础被削弱了。

现在，你可能会想："这太荒谬了，根本没有削弱信念基础的魔鬼！"好吧，你也许是对的。但是请记住，通常在知识论中，它并不需要极有可能发生，只需要具备发生的可能性就可以了。有没有可能（在这个词的最广义上），一个削弱信念基础的魔鬼能够存在？这似乎有可能。有没有可能（在这个词的最广义上），此刻你是一个削弱信念基础的魔鬼的不知情的受害者？这似乎也有可能。好吧，既然这似乎是有可能的，我们也许还想知道，我们的任何信念是否确实是证成的。我们如何知道我们的信念基础没有被削弱？削弱信念基础的魔鬼的可能存在使人们怀疑，我们的任何信念是不是证成的。如果我们的信念没有得到证成，那么它们就没有资格成为知识。因此，削弱信念基础的魔鬼可能会威胁到我们的（假定的）每一点知识。

回应

学界对于由削弱信念基础的魔鬼造成的怀疑论的威胁，有两种基本的回应。最通常的回应是，可以存在一个削弱信念基础的魔鬼，它能够以刚才描述的方式扰乱你的信念的基础，但是这并不会导致广泛的怀疑论。这种回应的一个版本认为，为了使削弱信念基础的魔鬼的可能性真正导致怀疑论，我们将不得不接受一个非常难以置信的准则，即任何时候只要我们知道 p，我们也知道我们知道 p。毕竟，削弱信念基础的魔鬼的可能存在似乎威胁到了你的"你在读这本书"这一知识，比如说，间接地让你有理由怀疑，你是否知道你知道你在读这本书。它是通过给你一个理由，让你怀疑你是否知道，你关于这本书的信念是恰当地奠基于你的证据，来做到这一点的。但是，这种回应声称，这对于你的知识相当于一个威胁，即只有我们接受"为了知道某事，你也必须知道你知道它"，你才是在读这本书。这一准则（通常称为"KK 准则"）在其他情况下受到了广泛的批评。因此，这种回应坚持认为，削弱信念基础的魔鬼的可能存在不会真正威胁到你对某事的知识，比如你在读这本书的事实。不过，它确实允许削弱信念基础的魔鬼对你的高阶知识（例如，你关于"你是否知道你在读这本书"的知识）构成真正的威胁。

第一种回应的另一个版本，从正面迎接了削弱信念基础的魔鬼的挑战。这种回应直接指出，我们的信念是恰当地奠基于我们的证据的，我们对此实际上拥有大量证据。因此，即使一个削弱信念基础的魔鬼是可能存在的，我们也有充分的理由认为，我们不是它的受害者。这种回应主张，削弱信念基础的魔鬼的可能存在似乎并没有威胁到我们的任何知识。

第二种基本的回应争辩说，尽管看起来可能有一个魔鬼以这种方式运作，但其实削弱信念基础的魔鬼不可能存在。这种回应的观点是，当我们的信念事实上不是基于充分的理由时，它们是基于充分的理由而被持有的，这是不可能的。如果这是对的，那么这就揭示出，尽管削弱信念基础的魔鬼最初出现过，但是它其实并没有真实存在的可能性。当然，这种回应削弱信念基础的魔鬼的一般观点似乎假设了：除因果关系或者反事实依赖关系以外，还有某些东西足以用来奠基。

16

彩票怀疑论：碰运气

> **背景**
>
> 许多怀疑论的挑战所依赖的那些牵强附会的情境给一些人的印象是，人们很容易对其不屑一顾。尽管魔鬼情境与 5 分钟年纪的宇宙的怪异之处，让我们可以简单地忽略它们所提出的怀疑论挑战，但还是有其他怀疑论挑战不容易被忽视。彩票怀疑论对我们的知识提出了挑战，这一挑战根本不依赖于情境，而是源于我们对自己确实知道的、在现实生活中所发生的事情的深思。

【关键词】 彩票怀疑论

想象一下，你刚刚购买了一张彩票，中奖的概率相当低（例如，在 2018 年 1 月，中奖的概率为 3.026 亿比 1）。尽管中奖概率极低，但是你知道你不会中奖吗？你似乎并不知道。毕竟，你在买彩票之前，就知道中奖的概率有多低。那你为什么还要浪费你的钱呢？因此，与其说你知道自己不会中奖，不如说你知道自己中奖的可能性极小。思考这些问题本身并不是很有趣。不过，我们来思考一下你的确知道的事情（假设你尚不富裕），你买不起一辆崭新的敞篷版兰博基尼（2020 年新款的建议零售起步价是 460 427 美元）。但是，如果你中了彩票，你就买得起这辆车了，因为你将拥有数百万美元。我们在此有个谜题：看起来你不知道你不会中彩票，但是似乎你的确知道，你买不起一辆崭新的兰博基尼。与此同时，你还知道如果你真的中了彩票，你就会有钱买一辆崭新的兰博基尼了。我们对此怎么看呢？

虽然我们刚刚讨论的彩票情境很有趣，但是你也许不会觉得那有多大麻烦，因为你也许从来不买彩票。不过，我们不能简单地将此作为纯粹的好奇心而置之不理。因为从类似的思考中，生成了一些怀疑论的论点，这些论点已然威胁到我们"对于我们通常需要知道的许多事情"的知识。比如，你似乎知道几个小时后你会在哪儿。但不幸的是，许多人之前没有任何疾病迹象，却突然意外死亡。尽管听起来有些可怕，但是这可以被理解为"中了"一张糟糕的彩票。几小时后你会以这种方式死亡的概率极低。尽管如此，但是你知道在接下来的几个小时里，你不会"中"此彩票吗？看起来你并不知道。然而，你似乎知道几个小时后你会做什么。你知道你在接下来的几个小时里会做什么，就意味着你知道你在此前不会突然意外死亡。

让我们来思考另一个不那么令人悲伤的但依旧令人不快的案例。假设你开着车去学校，就像许多美国的大学生那样。在停车场停好车后，你去教室上课。当你在教室的时候，你知道你的车在哪儿吗？看起来你是知道的。毕竟，只要你没有罹患记忆疾病，你就会记得自己把车停到了哪里。但是，每天都有人偷车。有些车即使不应当被拖走，也可能被从停车场拖走。你知道你在教室时，自己没有因为车被偷或不恰当地被拖走而"中彩票"吗？你似乎并不知道。你知道你的车在哪儿，难道不意味着它没有被偷或者被拖走吗？

我们再一次得到一个案例，你似乎不知道碰运气命题，但是你似乎知道一个普通的命题，而它蕴含着你知道碰运气命题。为了使这里的怀疑论的挑战明晰化，请思考以下论证。

- 如果你不知道碰运气命题（你不会中彩票；你不会意外死亡；你的车不会被偷或者被拖走；诸如此类），那么你就不知道普通的命题（你买不起一辆崭新的兰博基尼；你在几小时后会做一件特定的事情；你的车在你停放它的停车场里；等等）。
- 你不知道碰运气命题。
- 因此，你不知道普通的命题。

回应

学界对于这类彩票案例有许多回应。一种回应是欣然接受怀疑论的后果。换句话说，我们也许认为，既然你不知道相关的碰运气命题，那么你也不知道相应的普通的命题。当然，这相当于一种广泛的怀疑论，因为我们通常认为，我们知道的海量事情似乎就蕴含着我们知道我们不会中各种"彩票"。当然，这意味着如果你不知道你不会中这些彩票，你就不知道相应的普通的命题。

另一种回应侧重于其他的致思方向。这种回应接受你的确知道普通的命题的观点，并坚持认为你也知道碰运气命题。根据这种回应，即使你买了彩票，你也知道你不会中奖。通常，那些选择这种回应的人会尝试给出一些解释，说明即使你知道自己不会中奖仍然还买彩票的理由。比如，他们可能会主张，也许你买这张彩票是因为它促使你享受想象：如果你从彩票中得到了钱会是什么样子。

在前面两种回应之间，有各种各样的回应。这些其他回应试图限定一个人的知识受这种彩票案例影响的程度。例如，沿着这些路径提出的一个建议是，知道 p 需要事实 p 与某人的信念 p 之间具有解释性关联。按照这种定义，结果就是你不知道你不会中彩票，或者你买不起一辆兰博基尼，但结果也可能是你的确知道你的车在哪儿。这个建议的要点是，在你没有中彩票的事实与你没有中彩票的信念之间，没有解释性关联。理由是，即使事实上你会中彩票，你也会有同样的理由／证据相信你不会中彩票。不过在论及你的车在哪儿这一知识时，你的车在停车场的确有助于解释你的信念。

另一种开发居间渠道的路径主张，区分统计证据与非统计证据。这里的一般观点是，若你的诸如"你对彩票中奖概率的知识"这样的证据纯粹是统计性的，它就不会准许你完全相信。也就是说，它并没有就"完全相信你不会中奖"做出解释；相反，它只对相信你很可能不会中奖做了解释。然而，当你还有其他证据起作用时，你可以（也应当）完全相信。故而，虽然因为你的证据纯粹是统计性的，所以你不应当相信（也不知道）你不会中彩票，但是因为你拥有非统计性的证据，所以你应当相信（并且貌似知道）你的车在哪里。因此，这些回应能够进一步发展，以便看起来威胁到我们普通的信念的"彩票"实际上威胁不到我们。

对彩票怀疑论之威胁的另一种回应涉及否定认知封闭。这种回应认为，你能够在不知道相应的碰运气命题的前提下，知道普通命题，但是这不重要。从本质上讲，这种回应否定了上述论证的第一个前提。尽管你知道 p 其实蕴含着你知道 q，但你还是可以知道 p 却不知道 q。

与其他怀疑论的挑战一样，我们在此也可以诉诸语境主义或者实用侵入。所以，有些人对这类彩票案例的回应是，在一般情况下说"S 知道他买不起一辆崭新的兰博基尼"是合宜的，但是在 S 中彩票的可能性已经凸显出来的语境下，说"S 知道他买不起一辆崭新的兰博基尼"是不合宜的。其他接受实用侵入的人认为，在一般情况下，你知道你买不起一辆兰博基尼，但是当你考虑到中彩票的可能性而增加赌注时，你就不再知道你买不起一辆兰博基尼了。

17

信念偶然性：你相信它仅仅是因为……

背景

我们相信一些事情，仅仅是因为我们出生在这个地方，我知道我们的父母是谁，诸如此类，这似乎是一个不言而喻的道理。不过，研究我们的信念的偶然性，可能会导致一种怀疑论的挑战。毕竟，如果我们仅仅因为出生地不同而有不同的信念，人们也许会认为，我们对于我们的信念拥有的理由 / 证据十分脆弱。

【关键词】 知识论问题：信念的偶然性难题

我们来思考几种特别常见的情景。

情景 1：汉娜是一名基督徒。她和她的朋友霍雷肖正在讨论宗教问题。霍雷肖说："即使基督教是真理，你也不可能知道它是真理。"汉娜回应道："为什么不可能呢？"霍雷肖回答道："你相信基督教，仅仅因为你是在圣经地带出生和长大的（圣经地带指的是美国南部的一个区域，这里新教在政治和社会中扮演着重要的角色）。如果你出生在别的地方，你就不会成为基督徒。比如，假设你在沙特阿拉伯出生和长大，你就会成为穆斯林。或者,假设你在日本出生和长大,你可能根本不会信教。"

"所以?也许我只是运气好。"汉娜说道。

对此,霍雷肖回应道:"这就是我的看法!即使你是对的,基督教是真理,你信它也只是运气问题。这不是由于充分的证据,而是由于你恰巧出生在这里。你不知道它是真理。"

情景2:哲学家阿卜杜勒和安娜在讨论知识论,他们在内在主义与外在主义上争论不休。最后,阿卜杜勒叫喊道:"你是一名内在主义者,仅仅因为你是在罗切斯特大学念的书!如果你上了另一所学校,你会像我一样是一名外在主义者。"安娜回应道:"行啊,你是一名外在主义者,也仅仅因为你是在罗格斯大学念的书!如果你上了另一所学校,你就会像我一样是一名内在主义者。"

情景3:佩德罗和佩内洛普在讨论政治问题。原来,佩德罗是共和党人,佩内洛普是民主党人。不出所料,他们对彼此在特定问题上的看法都感到有些沮丧。他们都意识到,如果对方恰好拥有"正确的"政治观点,那事情就简单多了。所以,佩德罗试图说服佩内洛普,共和党人拥有更好的平台;而佩内洛普则试图说服佩德罗,事情恰恰相反。经过很长一段时间的尝试并且毫无进展之后,佩内洛普说道:"看吧,你是一名共和党人的唯一原因就是,你在亚拉巴马州长大,你的父母是共和党人。"佩德罗答道:"呵呵,你是一名民主党人,也仅仅是因为你在伊利诺伊州长大,你的父母是民主党人。"

像这样的情景很常见。人们的信念的合理性受到了挑战,理由是如果他们出生在不同的地方、不同的时间或者不同类型的家庭，他们就不会拥有那些信念。此处批评的核心是，无关的影响至少为人们本身的信念负部分责任。尽管这种批评通常是在挑战某人的宗教、政治、哲学观点的背景下提出来的，但是如果想一想，关于海量的信念，我们都能够得出类似的结论。因而，如果这种批评真的挑战了某人在上述情景中的三个领域所拥有的知识或者辩护，那么它似乎也会挑战其他领域的信念。因此，虽然对无关影响的担忧并没有像前面章节中讨论过的可能性那样，导致广泛的怀疑论的威胁，但是这种威胁似乎也的确颇为广泛，值得仔细研究。

尽管我们很难确切地说，对某人说"你相信它仅仅是因为……"的反对意见时产生的怀疑论的挑战，怎样理解才是最好的，但是关键的一点是，这种挑战引起了我们对所讨论的信念与真理的关联的怀疑。了解到你出生在哪里会影响你相信什么，也许会给你一个充分的理由去质疑你的信念是否对证据反应充分，是否可以算作证成的或者已知的。换言之，当人们的信念 p 受到挑战，理由是他们相信 p 仅仅是源于一些与真理没有足够关联的影响时，这种挑战就使人们有理由质疑，他们对 p 拥有的证据是否足以支撑相信它。

回应

理解由"你相信它仅仅是因为……"所构成的挑战的一种方式是：它让人们有理由认为自己的信念不是以一种敏感或安全的方式形成的。回忆一下，我们之前说的，S 的信念 p 是敏感的，相当于说，如果 p 为假，S 就不会相信 p。再说安全性，S 的信念 p 是安全的，当且仅当在

离 S 相信 p 的世界最近的世界之中，p 为真。所以，这种挑战可以被理解为，给出一个理由，认为即使某一信念为假（这一信念对真理并不敏感），某人也会拥有同样的信念。理解这种挑战的另一种路径是，声称一个人的信念是不安全的，因为存在毗邻的世界（甚至可能就是此一世界），其中 S 相信 p，但是 p 却为假。鉴于对这种挑战的这些理解，我们可以通过辩称"敏感性和安全性对知识或者辩护而言不是必要的"来回应。如果这些模态条件不是知识真正的必要条件，那么指出某人的信念未能符合这些条件中的任何一个，并不会真正威胁到某人对这一信念的辩护，也不会威胁到此种信念是否能够算作知识。

应对这一普遍挑战的另一种渠道是，接受所谓的"宽容主义"。通过与所谓的"唯一性论题"进行对比，或许宽容主义最容易理解。唯一性论题的观点是，对于任何特定的证据集，那些证据仅仅导致一种对 p 的合理的信念态度（比如相信、不相信、悬搁判断）。例如，如果 E 是问题中的证据，并且 E 导致相信 p 合理，那么唯一性论题就会说，除非某人拥有的所有证据都是 E，否则任何对 p 的信念态度都不合理。宽容主义是对唯一性论题的否定。在宽容主义看来，对于同一个命题，同一组证据支持不止一种信念态度是可能的。因此，按照宽容主义的思路，即便 E 导致相信 p 合理，它同样可能导致对 p 的悬搁判断，或者不相信 p 合理。可是，这对我们解决手头的难题有什么帮助呢？接受宽容主义可能会有所帮助的一种方式是，人们能够似是而非地承认，如果某人出生在别的地方，他就不会相信 p；人们也能够坚持认为，出生在别的地方不会导致相信 p 不合理。毕竟，如果宽容主义为真，那么即使给定相同的证据，对 p 的信念态度也可能不止一种是合理的。因为证据既能够支持相信，也能够支持不相信，所以可能"某人的信念 p 合理"为真，

"如果某人出生在别的地方，那么他不相信 p 合理"也为真，而且这还不会动摇某人的信念 p 的合理性。

最后一种回应涉及区分其中产生了"你相信它仅仅是因为……"的挑战的各种情形。人们会认为，这些案例当中只有一些案例真正对一个人的知识/辩护构成了威胁。例如，人们会认为，只有当一个人面临这一挑战并且有独立的理由认为一个人关于问题中的信念是错误的，他才应当担心信念 p。推进这种回应的另一种方法是一些信念可以被称为"知识论上的自我促成型信念"。这一观点认为，一些信念本身能够提供充分的理由认为，某人拥有的那些信念源于可靠的信念形成过程。学界最近提出的这种回应，目的是支持特定的宗教信仰。其要点是，一些宗教信仰提供了理由，让人们认为，拥有的那些宗教信仰源于可靠的信念形成过程。因此，这些信念是自我促成的——它们让人们有理由认为，拥有这些信念的人是以一种可靠的方式形成这些信念的。这种回应的主意是，允许人们反驳对"你相信它仅仅是因为……"的质疑。

18

反明亮性：是热还是冷

背景

我们对自身心灵的内容具有特殊的认识方式。我们自然而然地倾向于认为，自己对自身的思想和感受具有特殊的通达。这种通达之所以显得特殊，至少体现在两个方面。一方面，我们能够认识到自己的心理状态，而别人却无法认识到我们的这些状态。例如，别人无法真正地感受到你的疼痛，只有你自己能感受到你的疼痛。另一方面，我们对自身心理内容的通达之所以显得特殊，是因为这种通达似乎具有"明亮性"。心理状态的明亮性意味着：当我们处于某种心理状态时，总是能知道自己正处于那种状态。比如，当你处于痛苦状态时，你能够知道你处于痛苦之中；当你感到寒冷时，你能够知道你感到寒冷；诸如此类。我们心理状态的明亮性非常重要，原因有很多。至少从笛卡尔时代开始，最突出的理由之一就是，人们认为我们认知生活的这种特征，为我们回应怀疑论提供了一个起点。正如怀疑论者声称的那样，我们会被我们周遭的世界戏弄，但是这种思想认为，起码我们不会被关于我们自己的心理状态的内容所欺骗。既然我们的心理状态是明亮的，那么我们就可以运用我们对它们的知识作为基础，从中构建我们对于怀疑论者的回应。

【关键词】 心理状态的明亮性

巴里一大早就开始锻炼。早上六点锻炼完时，他感到很热，并开始注意自己的感觉。不过，巴里处在一个独特的环境中。他被叫去健身房参与新休息室的一项实验。这个休息室允许人们在特定的时间里慢慢凉快下来。由于巴里参与了这个实验，所以他已经同意待在休息室里直到中午。在休息室里的整个过程中，他感受到的温暖每毫秒都会以极其微小的程度不断变化。在休息室里的最后时刻，巴里不再感到热——事实上，他感到非常冷。所以，在这个实验开始时，巴里感到热，并且知道自己感到热；在实验结束时，巴里感到冷，并且知道自己感到冷。

巴里知不知道，他在整个过程的每个时刻是热还是冷？他似乎并不知道。毕竟，从上一毫秒到下一毫秒的变化极其微小。貌似合理的解释是，存在一个时刻，从此前到此后，巴里会从感到热过渡到不再感到热，但是这两种感觉之间的差异是难以察觉的。巴里所经历的感觉每毫秒都在发生变化。鉴于此，巴里会在某个瞬间感到最低限度的热，而在下一毫秒，他已经过渡到无限趋近于感到热但实际上感受不到热的状态。在这个过渡的一刹那，巴里似乎无法分辨出其中的差异。当我们思考巴里从感到舒适（感到热的状态之后的阶段）到感到冷的过渡时，情况似乎也是如此。会有某个瞬间，巴里已经达到感到舒适的极限，而在下一毫秒，一个极其微小的变化又使巴里感到冷。

这为什么成了一个问题？我们来看，如果巴里的心理状态是明亮的，那么在任一时刻，他都处于诸如感到热或冷的特定状态，他都能够知道他处于哪种状态。然而，许多知识论者都接受这样一种观点，即为了使某人在特定情形下知道 p，必须是在与 C 十分相像的每种情境中，这个人都不会错误地相信 p。铭记这一点，再加上巴里在休息室里所经历的情况，似乎给"我们的心理状态是明亮的"这一观点带来了麻烦。当巴里达到感到热与感到舒适（不热）的临界点时，从一种感觉到另一种感觉的变化是如此微小，以致巴里看起来很容易将两种感觉搞混淆。但是这意味着，在一种与巴里感到将热未热的情形类似的情形中，他可能会错误地相信他感到热。如果真是这样，那么当巴里感到将热未热之际，他似乎并不真正知道他感到热。一旦巴里趋近感到热与感到舒适的临界点，他就无法知道自己感到热还是不热。这无疑意味着，他感到热还是不热对他而言是不明亮的。这揭示出我们的心理状态并不是真的如同我们想象的那样明亮。于是乎，蒂莫西·威廉姆森（Timothy Williamson）认为，在学界首次提出这种论点时，哲学的传统与我们关于明亮性的常识性思考就错了。

回应

对这种情境的一种回应是，不情愿地承认威廉姆森是对的：在临界的情况下，我们的心理状态是不明亮的。但是这种回应也坚持认为，在非临界的情况下，我们的心理状态是明亮的。即一旦巴里趋近感到热与感到舒适的临界点，他就不知道他感到热还是不热。不过这种观点也认为，当巴里不在临界点附近时，他的心理状态对他来说是明亮的。所以，当巴里越过将热未热的临界点时，他能够知道他感到热。

另一种回应试图以不同的方式，来限制威廉姆森的观点的适用范围。根据这种回应，在"'心理状态'与'心理状态存在的信念'是同一的"的意义上（或许"心理状态"本身就是"心理状态存在的信念"

的内容的一部分），一些心理状态是"自我呈现的"。这里的观点是，感到热与相信某人感到热，其实是同一种精神状态。如果真是这样，那么在某人确实感到热时，他就不可能轻易搞混他是感到热还是不热。这种回应最多也就是在一定程度上降低了威廉姆森的观点的影响，因为在直觉的意义上，我们的许多（也许是大多数）精神状态不是心理状态，不是自我呈现的。

不过，还有回应认为，对于知识而言，避免错误的安全性并不是真正必要的。也就是说，在每一种与 C 十分相像的情境之中，人们都不会错误地相信 p，然而即便不是如此，人们也有可能在特定的情境 C 中知道 p。没了避免错误的安全性要求，巴里的案例就无法表明我们的心理状态（即使在临界点）是不明亮的。

最后一种回应认为，与威廉姆森的主张相反，以巴里这样的案例为基础的反明亮性论点使用了与堆垛悖论相同的推理，即一粒沙子本身并不能在拥有一堆沙子与没有一堆沙子之间造成什么不同，但是毫无疑问，如果我们添加足够多的沙子，我们最终就会得到一堆沙子。这种回应声称，正如各种形式的堆垛悖论不恰当地运用了像"堆"这样的模糊性术语一样，赞同反明亮性的研究也不恰当地运用了诸如"知道"和"感到热"之类的模糊性术语。

19

自举法 / 简易知识：一项打折扣的眼科检查

背景

有些知识理论即是我们所说的"基础知识结构"理论。在"某人无须先知道一个信息源是可靠的，这个信息源就能给予某人知识"的意义上，基础知识结构理论让人能够拥有基础知识。例如，基础知识结构理论会认为感知是知识的基础信息源，某人无须先知道自己的知觉能力是可靠的，他就能够从感知（视觉、听觉等）当中获得知识。或者与之类似，基础知识结构理论会认为某人无须先知道记忆是可靠的，他就能够通过仰赖记忆知道某事。激发这种理论的推理是，如果我们坚持认为，我们必须先知道一个感官能力是可靠的，才能够从这个感官能力当中获得知识，那么我们就会陷入无穷倒退。毕竟，如果所有感官都是如此，那么我们怎么可能知道它们之中的任何一个都是可靠的？为了避免这种无穷倒退及其怀疑论的后果，许多人都接受了某种版本的基础知识结构理论。

【关键词】 知识论问题：自举法；简易知识的问题

斯图想检查他的色觉是否可靠，但是他不想花钱去看验光师。在他浏览互联网时，电脑屏幕上弹出了一则"基础知识理论视力测试"（BKTV测试）的广告，这是一项非常便宜的家庭视力测试。斯图订购了这项测试，几天后，测试题发到了他的邮箱。测试非常简单，它有一大堆色卡（这些色卡都只有单一颜色；上面没有字迹，也没有任何其他标识），人们只需要看一下色卡即可完成测试。斯图坐下来，开始按照下面的过程进行他的视力测试。

斯图看向第一张色卡，这张卡在他看来是红色的。所以，他知道它是红色的。斯图自忖道："这张色卡是红色的，看起来就是红色的。做得对！我有一个好的开始。"他又看向下一张色卡，它看起来是蓝色的。斯图又想："这张色卡是蓝色的，它看起来就是蓝色的。"他又以这种方式继续测试了很多次。每次他看向一张色卡，看到的都是一种特定的颜色，所以他得出结论：每次测试他都得出了正确的答案，因为他对色卡的颜色拥有基础知识（源于看向它），并且他通过内省知道，色卡的颜色看起来就是于他而言的那种颜色。在看过许多色卡之后，斯图终于停下来，自言自语道："我真的很高兴买了这项家庭视力测试。现在我知道，我的色觉是可靠的！还有，我不必再浪费钱去看眼科医生了。"

我们应当如何看待这项色觉测试？斯图现在真的知道他的色觉是可靠的吗？很显然，斯图认为他的色觉是可靠的这一点，没有得到一丁点的证实。然而，基础知识结构理论却致力于主张，斯图现在真的知道他的色觉是可靠的。原因如下。假设在斯图不知道的情况下，他的色觉确实是可靠的，那些色卡看起来确实是如他看到的那样，于是，当一张色卡在他看来是红色的，那是因为它是红色的，而当一张色卡在他看来是蓝色的，那是因为它是蓝色的，依此类推。根据基础知识结构理论，因为色卡看起来是红色的，所以斯图能够知道它是红色的（为了知道这一点，斯图不需要知道他的色觉是可靠的）。结果就是，当斯图看向第一张色卡时，他知道它是红色的。基础知识结构理论也允许这种认知，即斯图无须先知道内省是可靠的，他就能够通过内省知道事物看起来于他而言的样子。因而，在斯图思考色卡的颜色时，他知道色卡的颜色看起来对于他而言是红色的。从这两项知识中，斯图能够很容易地推断出，他对第一张色卡的辨识是正确的：这张色卡在斯图看来是红色的，而且它就是红色的，所以斯图做对了。这同样适用于所有其他色卡。现在，在看过许多色卡之后，斯图有足量的证据来证明自己的色觉是可靠的。因此，基础知识结构理论宣告，斯图能够以这种方式知道他的色觉是可靠的。然而，从直觉上讲，这种"自举法"无法让人知道其色觉（或者任何其他认知能力）是可靠的。

本章中描述的案例最初是作为针对辩护/知识的可靠理论的反例而提出的。这些理论大致认为，人们只需要有可靠的能力，就能够从那些能力中获得知识。换句话说，为了从那些能力中获取知识，人们不必有任何理由来认定自己的能力是可靠的。所以，对这种案例最初的回应是，它们表明可靠主义是错的。然而，随后的回应表明，可靠主义并不是唯一被针对的理论，任何基础知识结构理论都面临这一难题。

回应

对这种情境的一种回应争辩说，其中的问题是，其过程是"规则循环的"（它运用一种规则/能力来支撑这种规则/能力的运用），而且规则循环无法生成知识或者辩护。这种回应的一个版本并不禁止运用规则循环方法，而是声称只有当人们尚未怀疑所测试的规则/能力时，他们才能够合法地运用这些方法。因此，这种回应认为，斯图的问题不在于他在运用他的视觉表明他的视觉可靠，而在于斯图有理由怀疑他的视觉是否可靠，可他却依旧在运用它来证实自己的视觉可靠。

另一种回应认为，这样的自举法过程无法追查真相。对于斯图的视觉是否可靠，这一过程其实并不敏感。毕竟，即使斯图的视觉事实上非常不可靠，通过这项测试，他最终也会拥有同样的信念，即他的色觉是可靠的。正是由于这一特点，我们可以说，关于斯图的视觉的可靠性，测试过程并没有给他提供任何证据。

一种有点关联的回应认为，斯图在用一种"无损"的方法。换言之，斯图若用这种方法收集有关他的色觉的信息，则他无法获得任何违背他的色觉的可靠性的证据。这种回应坚称，此种方法无法生成知识/辩护。

一种不同的回应认为，人们无法将基础知识（特定色卡是红色的）与内省知识（那张色卡看起来是红色的）结合起来。这种回应的观点是，尽管斯图也许知道那张色卡是红色的，并且在他看来它是红色的，但是他不可以用这两项知识作为证据，以认定他的视觉是可靠的。

对这种案例的另一种回应认为，斯图采用的推理假设了"累计传递性"，即若 p 支持相信 q，而"p 且 q"支持相信 r，则 p 支持相信 r。这种回应指出，在所提供的支持不是绝对确定的条件下（如在这些案例中），累计传递性就会失效。要弄清楚累计传递性的失效，请思考这种情景：斯图在他的学期论文中表现良好，证明他牢固地掌握了材料。斯图在学期论文中表现良好,并且牢固地掌握了材料,支持了他没有抄袭论文的观点。然而,仅凭斯图在学期论文中表现良好这一事实,并不能证明他没有抄袭。斯图在 BKTV 测试中表现良好就类似于他在学期论文中表现良好——其本身并不能支持他的色觉是可靠的。

20

最佳解释推理：去角逐吧

背景

最佳解释推理（IBE）是科学以及我们日常生活中常见的一种方法。IBE 的总体观点是，在我们面对一组需要解释的事实时，我们有理由相信对事实的最佳解释为真。这种方法居于达尔文支持进化论的核心，它导致了海王星的发现，还有一些其他重要的科学成就也与它有关。或许它最为人熟知且最直观的运用，出现在对侦探工作的描绘中。侦探研究了所有的证据并得出结论，某一特定之人有罪，因为其罪行最好地解释了所有证据。比如，因为此前在桌上的盘子而今在地板上，地板上有面包屑但没有三明治，而且只有你和狗在家，于是我们认为是"狗吃了三明治"，这时我们做的事情与侦探工作类似。这种推理很常见，并且被公认为是充分的推理，亦即提供辩护/知识的推理。因此，大多数人都认同，相信某些事实的最佳解释为真是有道理的。换句话说，当 p 是所有相互竞争的解释中对于事实的最佳解释时，相信 p 为真就是有道理的。当然，为了理解这一点，我们必须认识到，在某种意义上，"解释"对最佳解释推理（IBE）而言指的是"潜在解释"（某事如果为真，则可以解释相关事实）。毕竟，为了相互竞争的解释的存在（在至多只有一种为真的意义上，相互矛盾的各种解释），这些相互竞争的解释必须是潜在解释，因为如果我们指的是对事实的实际（真实）解释，那么这些解释当中至多只有一种是真正的解释。因此，IBE 是这样一种观点，即我们应当接受对一组相关事实的最佳潜在解释，就是对那些事实的实际解释。

【关键词】 最佳解释推理；析取异议

在肯塔基德比赛马会上，巴斯在考虑要不要在这场大赛中下注。他开始通盘考虑他的选择。在参加这场角逐的 20 匹马当中，幸运Ⅲ被看好会获胜。它来自冠军种群；前两匹幸运系马都赢得了比赛，而且幸运Ⅲ看起来和它们一样强壮和迅捷。不过，巴斯意识到，其他 19 匹马也都是顶尖的纯血马。在他试图决定下什么注时，他去吃了点零食。巴斯沉浸在自己的思考当中，没有意识到大赛已经开始。当巴斯听到比赛结束的一阵热烈欢呼声时，他意识到角逐已经结束，可是他并没有下注，甚至也没有看到是哪匹马赢了。广播员也没有宣布获胜赛马。

现在我们来看看相关的问题：巴斯应当如何看待角逐的结果？尤其是，巴斯应当认为是幸运Ⅲ赢了吗？直观地说，答案是："不。"尽管幸运Ⅲ是最有希望赢得比赛的，然而比赛中还有其他 19 匹顶尖赛马。而且虽然幸运Ⅲ的赔率是史上最佳的 2～5（截至撰写本书时，2～5 的赔率是赛马赢得肯塔基德比角逐的最低的赔率），但是它仍然可能没有赢得比赛。毕竟，2～5 的赔率意味着，我们可以预期幸运Ⅲ在这场大赛的 7 次角逐中赢得 2 次，即不到 30%。于是，尽管幸运Ⅲ是这场大赛的夺冠热门，但是它赢得比赛的概率显然低于 50%。结论似乎清晰明了：巴斯不应当相信幸运Ⅲ赢了。恰恰相反，他应当认为获胜赛马是其他19匹马中的一匹。不过，我们目前尚不清楚，最佳解释推理（IBE）是否能够得出这种结果。

让我们更加细致地研究一下这一情景。需要解释的是，这场大赛的获胜原因，以及赛马的各种血统。哪种潜在解释最能解释这些事实？看起来，"幸运Ⅲ赢了"就是最佳解释。幸运Ⅲ是最有希望赢得比赛的，因为它的血统使它在比赛方面优于其他每一匹马。另一种看待它的方式是：如果我们去把其他19匹马中的每一匹马都与幸运Ⅲ进行比较，那么幸运Ⅲ赢了会是比其他赛马赢了更好的解释。譬如，幸运Ⅲ赢了是比赛马1赢了更好的解释，也是比赛马2赢了更好的解释，依此类推。因此，似乎幸运Ⅲ的获胜就是对证据的最佳解释。然而在我们看来，巴斯推断幸运Ⅲ赢了这场大赛是不合理的。这揭示出，最佳解释推理（IBE）通过许可也许为假的推论为结论，产生了错误的结果。

这种案例起初由理查德·富莫尔顿（Richard Fumerton）与巴斯·凡·弗拉森（Bas van Fraassen）独立提出，用以表明，与我们所想的以及我们日常的推理实践相反，最佳解释推理（IBE）不是一种合理的推理方式。因此，科学依靠最佳解释推理（IBE）的实操并取得巨大成功的案例，要么只是运气问题，要么就是使用了其他推理方法，而成功的原因仅仅是被错误地描述了。

回应

回应这一问题的一种方法坚称，即使一个命题不大可能为真，人们相信这个命题也能得到证成。人们可能争辩说，与我们最初的直觉相反,在这个案例当中,即便巴斯很可能搞错了,他也真的应当相信幸运Ⅲ赢了。因为相信此类事情仍然可能得到证成,所以即使最佳解释推理(IBE)准许推论不大可能为真之事,其本身也没有问题。

到目前为止,对这一问题最常见的、非怀疑论的回应并不需要否认,只有某个命题可能为真,某人相信这个命题才能得到证成;相反,最常见的回应涉及以一种重要的方式来限定最佳解释推理(IBE)。正如我们前文所描述的,最佳解释推理(IBE)认为,当 p 以一种方式解释相关的事实,而相比其他竞争者对那些事实的解释,这种方式使得 p 成为对那些事实的更好的解释时,我们就能够推论出 p。然而,如果我们以这种方式理解最佳解释推理(IBE),就会导致在赛马案例中描述过的问题。不过,一些哲学家也争辩说,阻止这种问题的方法是要认识到,我们需要把最佳解释推理(IBE)限定在最佳解释是"足够充分"的范围内。这种回应总的观点是,p 比其他竞争者对相关事实的解释更好是不够的——为了使人们合理地相信 p,这一点也必须为真,即 p 本身就是对于事实的一个足够充分的解释。可能阐明这种对足够充分的解释的限定的一种方法是坚称,为了能够被推论出,p 必须具备为真的最小可能性,而这就是在上述的赛马案例当中,"幸运Ⅲ赢了"对巴斯而言所不具备的。另一种表述这一观点的方式是:当我们有理由相信某个解释优于任何其他可能提出的解释时,这个最佳解释就算是"足够充分的"。这种回应的要点是,因为 p 是一些相关事实的最佳解释,所以为了正当地推论出 p,必须如此这般:对于我们来说,相信我们能够想到的任何其他解释都将不如 p,这一点是合理的。在赛马案例中,貌似我们能够想到一个更好的解释,即其他 19 匹马中的某一匹马赢了这场大赛。

21

理性决策理论：变革还是不变革

背景

根据决策理论，在你试图确定要采取理性行为时，你需要考虑某些结果的概率以及它们的期望值。举个简单的案例：你如何能够确定，你在某天带上雨伞是不是理性的？看看下雨的概率有多大，还有各种结果的期望值，然后计算这些选项中的哪一种给你提供了最佳期望结果。我们假设这就是你评估可能的结果的方法（数值越高，你就越重视结果）（见表21–1所示）。

表 21–1　　　　　　　　　不同天气情况的概率

	下雨	不下雨
带伞	2	–2
不带伞	–10	2

你应当带伞吗？这取决于下雨的概率是多少。我们假设下雨的概率是50%，决策理论告诉我们，鉴于你的重视程度以及各种结果的可能性，你能够算出带伞是不是理性的。计算的方法如下：

带伞：下雨（2×0.5=1）；不下雨（–2×0.5=–1）

不带伞：下雨（$-10 \times 0.5 = -5$）；不下雨（$2 \times 0.5 = 1$）

现在，我们只需要把每一个期望值相加即可。带伞：0；不带伞：–4。显然，在这种情况下，理性的选择是带上雨伞，因为不带伞的期望值远远低于带伞的期望值。这个简短的背景主要是想强调，根据标准决策理论，你需要两项关键的信息，以计算在给定的情境当中做什么是理性的：各种结果的概率是多少；你的期望值是多少。

【关键词】 变革性的体验；理性决策理论

劳伦正在考虑，自己是否应当为人父母。关于这一点，她并不操心为人父母的某一特定方法，如自然分娩、收养等，而只是在考虑自己是否要为人父母。劳伦知道决策理论，所以她决定算出这个结果，以帮助她理清思路（这是一个哲学家版的利弊列表）。她从思考她的选择开始：尝试为人父母，还是不尝试为人父母？两种可能的结果是：为人父母，或者没有为人父母（见表21–2所示）。

表 21–2　　　　　　　　　　为人父母的可能性

	为人父母	没有为人父母
尝试为人父母	A	B
不尝试为人父母	C	D

由此，劳伦意识到存在四种可能性：A、B、C、D。

现在，她所需要做的就是，算出她赋予这些可能性中的每一种的期望值，以及它们发生的可能性有多大。不幸的是，劳伦在此遇到了一个障碍。她意识到，她不知道对她而言为人父母会是什么感觉。她以前从来没有当过父母，在她的生活当中，也没有什么能够让她充分感受为人父母的感觉。她意识到，只有她已经为人父母了，她才能够真正知道这一点。她无法确定 A 或者 C 对于她的价值。让事情变得更加棘手的是，劳伦意识到，如果她为人父母，她所看重的东西很可能会发生变革。劳伦知道，当人们为人父母之后，他们对父母身份的看法通常会发生变革，有些人的变革是，为人父母之后，他们真的乐在其中，但是有些人会反向变革，他们真的不喜欢带孩子。所以，劳伦意识到，为人父母将是一种变革性的体验——它不仅会在为人父母方面改变她，而且还会改变她对事物的重视程度。因此，一些她现如今高度重视的东西，在她为人父母之后，也许会成为她根本不在乎的东西，反之亦然。但是，即便劳伦能够搞清楚 A 和 C 现在对于她的价值，她也无法知道在她为人父母之后，它们对于她的价值会是几何。在这种选择当中，似乎选择导致了一种变革：劳伦只有在做出选择之后，才能得到她做出理性决定所需要的信息。她到底该如何理性地做出这个决定呢？

L. A. 保罗在提出这种案例时，建议我们认同这样一种观点，即劳伦处在一个她根本无法运用决策理论来判断自己应该做什么的位置。根据这种回应，决策理论的这种局限性并不意味着它在这里没有帮助。相反，这种回应表明，劳伦真正需要做的是将决策理论应用于别的选择：知道为人父母是个什么样子，还是不知道为人父母是个什么样子。在劳伦知道为人父母是个什么样子之前，她似乎能够知道，知道为人父母是个什么样子这样的事情价值几何。所以，在涉及这一选择时，劳伦可以运用决策理论的工具，而且能够帮助她理性地决定是否尝试为人父母。

回应

对于决策理论的挑战,一种不同的回应方式涉及争辩说,问题在于本案例中可能的结果是以一种过于粗略的方式呈现的。这种回应认为,比起简单地考虑"尝试为人父母并取得成功"这一假设结果,劳伦应当在她的计算之中考虑各种成功的期望值。譬如,尝试为人父母并取得成功,而且这种成功非常有价值;尝试为人父母并取得成功,这种成功只是略有价值;尝试为人父母并取得成功,但是这种成功略有负面价值;诸如此类。在这种回应看来,只要劳伦对于结果有了适宜的细化呈现,标准决策理论就能够良好地运行。

针对这个挑战的另一种回应认为,标准决策理论有资源来应对这种挑战,因为它能够诉诸"主效用函数"。从本质上讲,这种回应的观点是,对于任何结果,与其根据你的实际价值来做决定,还不如根据你的理想自我(某个版本的你,拥有所有相关信息并且绝对理性)会有的价值来做决定。所以,当劳伦的决定与她的理想自我会做的选择相一致时,她的这一决定就是理性的。当然,我们也许会担忧,劳伦如何能知道她的理想自我会选择什么呢?

还有一种回应坚称,劳伦在自己为人父母之前,其实能够获得关于"为人父母是个什么感觉"的佐证。虽然劳伦无法在实际经历的意义上知道这一点,但是她可以通过了解他人的证言,观察为人父母者对于他们自己为人父母的满意度情况,以及根据她的类似经历推论她会如何赋予这些变革价值,来合理地评估于她而言为人父母的价值。

最后一种回应诉诸信任的合理性。这种回应认为,在劳伦做出这种变革性的选择时,她可以合理地相信她当下的愿望会在未来得到满足。这种回应继而指出,对于劳伦而言,信任这一点是合理的,所以在这种情境中,她可以基于自己当下的期望值来做出合理的决定。

22

反物理主义的知识论证：
玛丽看见了一个苹果

背景

  心灵哲学的主要论辩之一是物理主义与二元论之间的论辩。物理主义大致认为宇宙完全是物理的，心灵也完全是物理的。换言之，物理主义认为，不存在能思考的非物理的灵魂，或任何非物理的精神属性。二元论的各种形式都否认物理主义这种观点。实体二元论认为，实际上存在着两种截然不同的实体：物理的与非物理的。笛卡尔曾为这一观点做了著名的辩护，即你是由身体与心灵构成的，尽管两者能够相互作用，但它们是截然不同的事物。二元论的另一种基本形式是属性二元论，这种二元论认为，只存在一种实体，但是这种实体有两种不同的属性：物理的与非物理的。属性二元论认为，在论及心灵时，只存在一种实体——大脑，不过大脑既有物理属性，也有非物理属性。由于本书是一本知识论的书，所以我们自然而然想知道，我们为什么就是在此探讨心灵哲学的这点内容。原因就是，反物理主义（以及二元论）的主要论证之一就是所谓的"知识论证"。知识论证的核心问题是，宇宙之中除了物理事实以外，是否还有其他有待知晓的事实？它的一个关键声称是，如果某人只知道物理事实，那么他的知识在一个重要的维度是受限的，即便他知道所有存在着的、人们可以知道的物理事实，情况也是如此。

【关键词】 知识论证；二元论 vs 物理主义

玛丽是一个天资聪颖的人，她一生都致力于追求科学知识。事实上，玛丽已然成了世界顶尖的神经科学家之一。在论及她的专长，也就是色觉的时候，所有人都对她知识的渊博感到望尘莫及。玛丽知道所有关于色觉的物理事实。她知道其他神经科学家都想知道的事情。在她最终抽出时间把她所知道的一切都付梓时，色觉研究就要完成了。从字面上看，她知道所有关于色觉存在的、人们可以知道的物理事实。所以，就拿看见红色来说吧，玛丽对此就有完整而科学的描述。

话虽如此，玛丽直到当下仍然过着一种极不寻常的生活。她一辈子都生活在一个黑白色的房间里面。她在这个房间里面看到的一切，她的食物、她的电视、她的计算机屏幕等，都是黑色或白色的，又或者是灰色的。尽管玛丽不是色盲，但是她在一生之中从来没有见过彩色；事实上，玛丽根本没有视觉障碍。她知道关于看见红色的一切，可问题是她从来没有真正体验过看见红色的情形。不过，这一切都即将改变，因为玛丽即将从她黑白色的房间里面被释放出来。

玛丽离开她的房间，她第一次把目光投射在一个鲜艳而成熟的红苹果上。现在她知道看见红色是什么感觉了！但是，如果她现在才知道看见红色是什么感觉，那就意味着她在看见这个苹果之前并不知道这一点。如果玛丽此前不知道看见红色是什么感觉，那就意味着，虽然她知道所有关于看见红色的物理事实，但是她并不完全知道关于看见红色存在着的、人们可以知道的所有事实。因此，看起来存在着物理事实以外的事实。对于玛丽和她看见红色的新的体验,如果上述估计为真,那么物理主义就遇到了麻烦。因为这揭示出宇宙之中似乎存在着非物理的事物,诸如玛丽第一次看见红色时体验到的那种事物。

回应

一些物理主义者通过质疑涉及玛丽的思想实验是否真的可能来回应这个案例。比如,有些人就指出,某人是否真的能够像玛丽那样在黑白色的房间里面习得所有物理事实,这一点是不明晰的。

更常见的情形是,物理主义者认同上述情境是可能的,但是反对它给物理主义造成了真正的打击。其中一种流行的回应争辩说,在玛丽第一次看见红苹果时,事实上她并没有了解到新的事实。推进这种回应有两种基本的路径。一种观点认为,玛丽获得的不是命题知识,而是能力知识。她开发了新的能力,例如通过注视来确定某物是不是红色的能力。另一种观点认为,玛丽既没有获得命题知识,也没有获得能力知识;恰恰相反,玛丽在看见红苹果时,获得的是亲知知识。现在,玛丽亲自知道了红色。

物理主义者回应这一情境的最著名的观点是,承认玛丽在第一次看见红苹果时,的确获得了新的命题知识。尽管如此,这种回应仍然认为,玛丽获得这个新的知识对物理主义而言并不构成一个问题。因为虽然玛丽获得了新的知识,但是这并不是对新的事实的知识。这种回应的想法是,在玛丽看见那个苹果时,她就拥有了一个新的现象的概念——她现在拥有了"红色"这一现象的概念。对于这个新概念的拥有,使得她能够运用这个概念形成新的信念以及认识事物。不过，这种回应坚称，玛丽所知道的事物并不是关于色彩或者色觉的新的事实。相反，这种观点认为，玛丽现在看到红色时，是以一种新的方式学习相同的事实。

第三部分

辩护

辩护的本质

为了掌握辩护的本质，做一些重要的区分是有益的。"辩护"一词有多种含义。我们使用这个术语的两种基本方式是认知辩护或者实用辩护。这些不同类型的辩护有相似之处，按传统的理解，它们都是拥有充分的理由的意思。不过，在考察这些不同类型的辩护时，对"充分的理由"的理解是迥然不同的。对认知辩护而言，起作用的那种充分理由是表明某个命题的真实性的理由。例如，垫子上的猫的视觉体验可以为相信垫子上有猫提供认知辩护。视觉体验提供了认知辩护，因为它是认定垫子上有猫的充分理由。换言之，这种视觉体验表明了垫子上有猫这个命题的真实性。

为了搞清楚提供认知辩护的充分理由与提供实用辩护的充分理由有何不同，我们来思考一个案例。沃尔特最近被诊断出患有一种疾病，他知道患这种疾病的存活率极低。考虑到沃尔特对低存活率的了解，他有充分的理由能够使得这一点——相信自己不太可能康复，在认知上是得到证成的。尽管如此，但是假如沃尔特相信他会康复，也许他将能够凑合着活下去，并且保持乐观。在这个案例中，对沃尔特而言，相信自己会康复在认知上是证不成的。然而，从实用方面出发，这种信念也许能够得到证成。对信念而言，充分的实用理由不需要表明真实性；相反，它们仅仅是一些使得信念对这个人有益的理由。因此，在这个案例中，沃尔特相信他会康复（信念对他而言是有益的）能够得到实用辩护，可是很不幸，他缺乏相信他会康复的认知辩护。在我们的探讨当中，我们关注的是认知辩护，这种辩护与真实性有关，并且是知识所必需的。

我们在此将要探索的另一个区分是，对某个信念拥有辩护与为某个信念进行辩护。拥有辩护是某人的一种状态。某人相信某事，要么有辩护，要么没有辩护。为某个信念进行辩护不是某人的一种状态，它是一种行动。为某个信念进行辩护涉及向别人（可能是自己）阐明自己支持某个特定命题的证据或者理由。

对某个信念拥有辩护与为某个信念进行辩护是大不同的，但为什么两者有时会被混淆？如果某人试图向别人为某个信念进行辩护时失败了，这可能意味着，他从一开始就没能对某个信念拥有辩护，并且直到现在仍然如此。也就是说，有时候试图为某个信念进行辩护，会让人意识到自己没有充分的理由相信这个信念。不过，有时候事情也会朝着另外的方向发展。随着某人为某个信念进行辩护的过程逐步展开，他有可能意识到，自己会比原初所想的有更多的理由去相信某事。

一旦我们意识到，进行辩护能够帮助我们揭示我们是否有充分的理由相信自己的观点，我们就会很容易把"进行辩护"误认为是"拥有辩护"。但是我们必须避免这种错误，即认为除非某人能够证成他的信念，否则他的信念就是证不成的。一方面，即使一些人无法为他们相信一些事情的信念辩护，他们的信念也能够得到证成。例如，孩童有许多证成的信念（他们也许会辨识各种颜色，知道他们最喜爱的毛绒玩具是什么，等等）。然而，孩童很可能缺乏那种认知发展所需要的能力，无法向别人恰当地证明自己的信念。另一方面，我们试图为某个信念辩护的行为本身，会激发出新的对于相信某事的辩护。尽管凯莉相信 p 缺少足够的辩护，但是她在试图为她的信念 p 进行辩护的时候，实际上想到了非常充分的相信 p 的理由，这也是有可能的。在凯莉试图对她的信念 p 进行辩护之前，她相信 p 并不具备足够的辩护。然而，凯莉为自己的信念进行辩护的行为实际上激发了她相信 p 的辩护。在我们的探讨当中，我们关注的是辩护而不是进行辩护的行为，因为前者是知识所必需的，也是知识论者最感兴趣的。

两个争论

在结束我们对辩护的本质的整体探讨之前，有必要掌握关于辩护本质的两个核心争论。第一个是关于辩护的结构的争论，第二个是内在主义与外在主义的争论。

有关辩护结构辩论的源头在亚里士多德、塞克斯都·恩披里柯（Sextus Empiricus）等古代哲学家的著作当中。为了理解这个争论，思考所谓的"理由的倒溯"是有助益的。理由的倒溯的意思是：当我们试图为我们相信的事情找出理由时，我们面临的就是一种倒溯。思考这一挑战的方法之一是，去追问一连串的"为什么"。我们来假设一下：你证成地相信亚拉巴马大学赢得了最近的大学橄榄球季后赛的全国冠军。你为什么相信这件事？或许是因为你在手机上的 CNN 应用程序中看到他们赢了。你为什么相信 CNN 应用程序的报道？一种貌似可信的回答是，CNN 是这类信息的一个可靠的来源。你为什么认为 CNN 是这类信息的一个可靠的来源？当然，这个过程还能继续下去。理由的倒溯就是，对于我们相信的任何事情，我们似乎都能追问支撑它们的理由，我们也能追问支撑那些理由的理由，我们还能追问支撑我们的理由的理由的理由，以此类推。理由的倒溯是一种挑战，因为这种对理由的无休止的探查表明，我们的理由无法获得支撑，而这对辩护而言是必要条件。

第三部分 辩护

关于辩护的结构的各种主张都只是在试图解决理由的倒溯问题。到目前为止,对这一挑战最突出的(非怀疑论的)回应来自基础主义与融贯主义。每一种对于理由的倒溯的回应,我们都有许多方法描述它的细节,但是就我们的目的而言,我们只需要过一遍这两种回应所采取的一般形式就足够了。之后在具体的章节当中,我们会补充一些细节。

基础主义的基本观点是,终止理由的倒溯。按基础主义者的说法,辩护的结构就像建筑物的结构一样。一座建筑物有许多部分,它们都是建立在地基之上的,辩护也是如此。我们所有的辩护都是建立在基础信念之上的。这些基础信念都是证成的信念,但它们本身不是通过其他信念得到证成的。那么它们是怎样得到证成的呢?很多基础主义者声称,基础信念是通过基于经验来获得它们的辩护的。重要的是,经验本身并不是能够被证成或者证不成的某种东西。因此,对某人的经验来说,追问它的辩护理由是没有意义的,于是,基础主义者声称,理由的倒溯到达了一个终止点。假设你的信念,即亚拉巴马大学赢得了最近的大学橄榄球季后赛的全国冠军,是得到证成的,那么基础主义者就会说,如果把你的理由倒溯得足够远,我们最终会得出一个基本信念——一个通过经验得到证成的信念。一旦我们触及这个基础信念,我们就到达了地基:关于你对这个信念的理由,不可以再倒溯,也不可以再追问。这样的基础信念是我们所有其他证成的信念赖以存在的地基。

融贯主义为辩护的结构提供了一种截然不同的描述。融贯主义者认为,在理由的倒溯中隐含着一个关于辩护的结构的假定,即辩护是一个线性的过程。换言之,理由的倒溯假定了辩护就像一个链条,其中信念 q 证明信念 p,信念 p 证明信念 o,信念 o 证明信念 n,依此类推。按融贯主义者的说法，正是这种假定导致了理由的倒溯，而且这种假定是错误的。在融贯主义者看来，辩护不是这种线性的过程，而是一种整体性的问题。因此，与基础主义者声称的建筑物不同，融贯主义者坚称辩护的结构就像一张网，通过各种各样的链条，其中的所有的信念都通过不同的线两两联结起来。根据融贯主义者的描述，一个信念之所以得到证成，是因为它与信念网络中的其他信念联结在一起。因此，你关于亚拉巴马大学赢得了最近的大学橄榄球季后赛的全国冠军的信念之所以得到证成，是因为它以这样一种方式与你的其他信念联结在一起，以致这些信念是融贯的。融贯主义者可以用很多方式说明信念之间彼此融贯的含义。最有可能的方式之一是以解释关系来说明。这种方式的总体思路是，融贯性是信念之间彼此解释或者被解释的问题。例如，"亚拉巴马大学赢得了最近的大学橄榄球季后赛的全国冠军"的真相就解释了为什么 CNN 报道它们赢了，CNN 在涉及此类事件时可靠的资讯记录也解释了为什么你信赖这个报道，诸如此类。

现在，我们来看第二个争论。内在主义者和外在主义者之间关于认知辩护的本质的争论，是当代知识论中讨论盖梯尔难题的主要进展之一。哲学界有很多辩论都在使用内在主义与外在主义这两个概念，搞清楚这场争论到底在关注什么，就显得尤为重要。知识论中内在主义与外在主义的争论关注的是辩护的本质。有时候人们会讨论内在主义与外在主义的知识观，但这是具有误导性的。他们认为，至少有些知识的必要条件是存在于知者的精神生活之外的，在此意义上，所有的知识观都是外在的。比如，参与内在主义/外在主义争论的所有各方都认同，真实是知识的必要条件，它并不仅仅取决于知者的心灵。真理是外在的，因为什么是真、什么是假是由宇宙的实际情况决定的，而不是由我们对宇

第三部分 辩护

宙的看法决定的。

内在主义/外在主义争论不是关于知识的，而是关于辩护的。不过，我们在此需要做出进一步区分，因为正如我们在"知识与奠基"中所看到的，"辩护"至少有两种重要的含义：一种涉及人们有理由相信什么，而另一种涉及人们基于合理确证而相信什么。前一种辩护通常被称为命题辩护，因为它是某人拥有的用以支持一个特定命题的真实性的辩护。回想一下，即便某人并不真正相信某事，他相信某事也能够得到辩护。后一种辩护在某人证成地相信某事时通常被称为信念辩护，因为它关注的是某人的实际信念（一种信念态度）是否被证成了。记住命题辩护与信念辩护之间的区别是很重要的，因为大多数内在主义者都认为，超越主体心灵生活内部的某些东西，对信念奠基于某人的理由（好比那些信念是由某人的理由恰如其分地导致的）而言是必须的。故而，即便是最彻底的内在主义者也认同，信念辩护部分地是一个外部的问题。因此，当我们谈论知识论中的内在主义者时，我们实际上谈论的是强调命题辩护是内在的那些人。也就是说，既然外在主义理论通常是按照信念辩护来表述的，那么我们就可以把这场争论看成是关于除了特定的心灵状态以外，是否还有其他决定某人证成地相信 p 的必要条件（排除满足奠基关系的必要条件）的争论。

既然我们已经很清楚内在主义/外在主义辩论的焦点了，那么我们再来看一看对立的双方。内在主义的所有版本都以承认心灵主义为己任，而外在主义的大多数形式都以否认心灵主义为己任（为了我们的目的，对于接受心灵主义的外在主义的观点之详情的复杂性，我们可以存而不论）。心灵主义认为，任意两个在心灵上完全相同的个体，所拥有的命题辩护也是完全相同的。换句话说，心灵主义认为，没有心灵状态的差异，个体就不可能有命题辩护的差异。所以，如果厄尔和里奇在命题辩护方面有分歧，比如里奇相信 p 是得到证成的，而厄尔相信 p 没有得到证成，那么在厄尔和里奇之间一定存在着某些心灵上的差异。我们假定厄尔和里奇都满足奠基关系的必要条件。内在主义者坚称，除非在厄尔和里奇之间存在某些心灵上的差异，否则他们不可能一个证成地相信 p，而另一个相信 p 却证不成。各种各样的外在主义观点都否认了心灵主义。换言之，认知辩护的外在主义观点认为，厄尔和里奇可以是心灵上的复制品，即他们在记忆、经验、思维方式等方面完全相同，并且都满足奠基关系所必需的条件，但是可以存在里奇能够证成地相信 p、厄尔相信 p 却证不成的情况。

为了帮助说明内在主义与外在主义之间的差异，看看它们各自的著名版本是有助益的。证据主义是内在主义的一种著名形式，它认为，某人在某一时刻的辩护完全取决于她在这一时刻所拥有的证据。证据主义者对"证据"的理解相当宽泛，以致它包含了某人的记忆、感觉、经验，等等。因此，一个证据主义者会说，当且仅当里奇拥有的证据完全支持 p 为真的想法，里奇相信 p 才能获得命题辩护。也就是说，比起认为 p 为假，里奇必须有更多的理由认为 p 为真。并且，只有里奇的信念 p 是恰如其分地以他支持 p 的证据为基础的，证据主义才能生成里奇的信念是得到证成的这一结果。

在外在主义这边，一个著名的理论是可靠主义。可靠主义的总体思路是，当且仅当信念是由可靠的信念生成过程产生的，这个信念才是得到证成的。在可靠主义看来，真正重要的是，里奇的信念是不是由一个倾向于产生更多真信念而非假信念的信念生成过程产生的。我们再来想想厄尔和里奇。证据主义者认为，既然他们是心灵的复制品，那么他们就拥有同样的证据。因此，如果里奇的信念 p 被证成了，那么厄尔的信念 p 也能够得到证成，反之亦然。可靠主义生成了一种不同的结果。有可能里奇处在一个使他的信念生成可靠的环境中，而厄尔没有。结果就是，有可能因为里奇的信念 p 是可靠的，所以它被证成了，而因为厄尔的信念 p 不可靠，所以他的信念没有得到证成。有一些案例是用来挑战内在主义与外在主义的，我们来看看其中最著名的几个案例。

23

新魔鬼难题：不幸的双胞胎

背景

要理解这个案例，有两件重要的事情需要记住。一是内在主义与外在主义之间的差异。尤其重要的是要记住，辩护的外在主义理论声称，即使你根本没有证据或者心灵上可通达的对于 p 的理由，你相信 p 依然能够得到证成。二是笛卡尔怀疑论的本质。这是笛卡尔的魔鬼所涵盖的那种怀疑论。这种怀疑论认为，一个人可能被魔鬼戏弄或者成为缸中之脑，但却拥有我们通常所拥有的各种类型的体验。

【关键词】 认知辩护：外在主义 vs 内在主义；新魔鬼难题

与任何正常的成年人一样，珍妮有着许多证成的信念（她理性地/有充分的理由持有的信念）。例如，珍妮有充分的理由相信她的电话号码是多少，因为她记得那是她的号码。现在，她证成地相信她在读这本书，因为她现在拥有的这种体验给了她充分的理由，使她相信她在读一本书（她的体验与你当下的体验非常相似）。诸如此类。正如我们所提到的，珍妮和我们大多数人一样，有充分的理由相信许多事情，所以她有许多证成的信念。

第三部分 辩护

我们来想一想一个在心灵上与珍妮一模一样的人，这个人有着和珍妮一样的信念，也有着和珍妮一样的对于这些信念的理由。例如，这个人相信她在读这本书，因为她有着和珍妮当下的体验别无二致的体验；她也相信她的电话号码是多少，因为就电话号码而言，她有着和珍妮相同的记忆。说得更清楚一点，这个人简直就是珍妮的复制品。但是，和正常环境下的正常成年人珍妮不同，这个人是某些怀疑论情境中的受害者。或许她是被笛卡尔的魔鬼戏弄了，或许她是一个缸中之脑，又或许她是在黑客帝国之中。我们不妨把珍妮的这个心灵复制品称作丹妮。丹妮有着和珍妮一样的信念，一样的思维方式，一样的经历，一样的记忆，等等。正如我们所言，丹妮在心灵上简直就是珍妮，但这不是在现实世界中，而是在怀疑论情境中。

当我们思考这种可能性时，一个有趣的问题出现了：我们应当如何看待丹妮的信念？丹妮有着与珍妮一样的信念，她持有这些信念的理由也与珍妮一样，可是丹妮的许多信念都为假。例如，珍妮和丹妮都认为她们在读这本书，但是当珍妮真的在读这本书的时候，丹妮却被戏弄了。丹妮甚至没有一本书。丹妮甚至可能没有眼睛来看这本书，倘若有人给她念书，她甚至可能没有耳朵来听这本书。因此，丹妮的信念为假，而珍妮的信念为真。

可是辩护又如何呢？珍妮和丹妮出于同样的理由相信同样的事情。看起来，假如珍妮的相信的确是合理的，那么丹妮的相信也是如此。毕竟，珍妮并没有丹妮所缺乏的任何特殊信息。丹妮认为她在读一种疯狂的可能性，其中和珍妮极为相似的一个人是处在怀疑论情境中，当这个人思考这种可能性时，其想法与疑问是和珍妮一样的。既然珍妮理应相

119

信她在读这本书,那么丹妮怎么就不能相信她也在读这本书呢?毕竟,丹妮有着和珍妮一样的理由可以这么想。我们有什么理由认为,珍妮应当相信她在读这本书,而丹妮就不应当呢?这不可能仅仅是因为丹妮错了而珍妮没错。否则,这将意味着我们永远不可能拥有证成的假信念。但是,有些事情尽管是错误的,有时候我们还是可能会合理地相信它们。这似乎是丹妮正在经历的事情。因此,尽管珍妮和丹妮只有一人有真信念,但是她们相信同样的事情都得到了证成。

这种设想被称为"新魔鬼难题"。它之所以"新",是因为它并不完全等同于笛卡尔提出的经典魔鬼假设。事实上,与笛卡尔的魔鬼不同,"新魔鬼难题"并不是用来论证怀疑论的。那它为何仍被称作"难题"?又为何重要?这两个问题的答案密切相关。"新恶魔难题"之所以重要,是因为它被认为揭示了关于辩护本质的一个关键教训:我们可以在不知道真实外部环境的情况下,依然拥有得到辩护的信念。它之所以成为"难题",则是因为这个教训似乎与外在主义的辩护理论相冲突。回想一下,此理论声称,某人的相信得到证成,这不仅仅是他拥有的经历、记忆等问题;相反,外在主义的辩护理论声称,认知辩护是以正确的方式产生信念的结果。因此,尽管实情是,珍妮和丹妮有着一样的浅层记忆、经历及其他,所以她们拥有一样的信念,可是此理论仍然致力于声称,虽然珍妮的信念得到了证成,但是丹妮的信念全部都证不成。这是为什么呢?其实,虽然珍妮和丹妮没有意识到,但是她们所处的环境是迥然不同的。珍妮所处的环境有利于她形成真信念,所以导致她的信念的过程是可靠的。倒霉的是,在丹妮被戏弄的环境中,她的信念生成过程(这与珍妮的是一样的)是不可靠的。所以,按外在主义理论的看法,尽管珍妮和丹妮持有这些信念的理由是一样的,但是珍妮的信念被证成了，丹妮的却没有证成。不过，这似乎不太对劲。看起来珍妮和丹妮要么都得到了证成，要么都证不成。正是由于这个原因，对于外在主义的认知辩护理论，新魔鬼难题揭示出了一个严重的问题。

回应

关于认知辩护的外在主义者对这个问题有着各种各样的回应。一种回应径直否认丹妮被证成了，并声称当我们这样想的时候，我们也错了。鉴于新魔鬼难题对我们直觉的吸引力，这种回应不是很受欢迎也就不足为奇了。

一种相对更受欢迎的回应声称，外在主义能够真正生成一个直观的结果，即在论及辩护时，珍妮和丹妮是相似的。这样做的方法之一是争辩说，我们不应当根据她们的信念在她们自己所处的环境中是不是可靠地产生的，而应当根据如果丹妮身处现实世界中，那她的信念是否会可靠地产生，来评判丹妮。当我们以这种方式来评判丹妮时，她的信念和珍妮的信念同样都是可靠地产生的，因为它们是由同样的信念生成过程产生的，而且都是根据它们在现实世界中的可靠性进行评估的。

最近流行的一种回应认为，当我们思考这类案例时，有几种不同的辩护在起作用。特别是，一些持这种回应观点的人认为，尽管丹妮的信念没有得到证成，但它们是可以原谅的或者无可指责的。这里的想法是，我们对新魔鬼难题的直觉是混乱的，因为我们倾向于将辩护与可原谅性/无可指责性结合在一起。我们会原谅丹妮的信念，但这并不意味着丹妮的信念得到了证成。

24

千里眼案例：神通能力

背景

认知辩护中最简单的外在主义理论之一，就是我们所说的"简易过程可靠主义"。简易过程可靠主义认为，当且仅当 S 的信念 p 是由一个可靠的信念生成过程产生的，信念 P 才是得到证成的。这里的关键点还是，在这种情况下，S 为了使相信 p 得到证成，根本不需要任何证据或者理由来支持 p。重要的是，S 的信念是以正确的方式产生的。

【关键词】 认知辩护：外在主义 vs 内在主义

克利奥女士基本上是一个正常的成年人，不过有一个重要的能力除外，那就是她有神通。特别是，她是一个可靠的千里眼。相比假信念，她的洞察能力往往能产生更多的真信念。不过克利奥并不知道她拥有这种神通能力。换句话说，她不相信自己拥有这种神通能力，她不记得自己曾经用过这种能力并且确证为真，等等。她没有理由认为自己拥有神通。然而，与绝大多数其他人不同的是，克利奥女士也不知道任何人都不太可能拥有神通能力。因此，克利奥女士没有理由认为，自己或者其他人不能拥有神通能力。一天，她的脑海里突然闪过一个念头——"纽约的现任市长正在访问洛杉矶"。克利奥女士没有任何证据可以支持或者反对这个信念。虽然如此,但这个信念的产生是可靠的,这是她可靠的千里眼能力的产出。

这个案例为什么重要?因为从直觉上讲,克利奥女士不应当相信纽约市现任市长此刻正在访问洛杉矶。看起来她的信念完全是没有道理的。可是,克利奥女士的信念是可靠的。因而,这个案例表明了简易可靠主义(或者任何认为"可靠性对辩护而言是充分的"的可靠主义者的观点)的失败。克利奥女士拥有一个可靠的信念,但这个信念却证不成。

回应

大多数人(可靠主义的支持者与反对者)都认同,这种案例表明简易可靠主义失败了。可靠主义的反对者把这个案例当成拒斥可靠主义理论的又一个理由。可靠主义的支持者试图在不完全放弃可靠主义的前提下,阻止此类案例被当成是得到证成的。

可靠主义者针对此类难题所做的一种回应建议,可靠主义应当补充一个条件:某人的信念必须未被挫败,才能得到证成。简而言之,该回应解决类似克利奥女士这种案例的方式是辩称,虽然她的信念是通过一个可靠的信念生成过程产生的,但是这个信念却没有得到证成,因为她还有其他可靠的信念生成过程。假使她运用这些过程,那么她是不会相信纽约市现任市长正在访问洛杉矶的。例如,假使她运用某种信念生成过程,而这个过程导致她不相信那些在她脑海里突然闪现的事情,那么她就不会拥有纽约市现任市长行踪何处的信念。

另一种回应辩称，以上案例的问题是，克利奥女士没有证据支撑有关市长所在位置的信念。这个回应认为，可靠主义应当包含证据主义成分。该回应的总体思路是，对相信 p 的辩护就像证据主义者所主张的，是获得证据以支持 p 的问题，但是正如证据主义者所声称的，辩护需要可靠性。该回应强调，某事物能否算作 p 的证据，取决于该事物是不是 p 为真的可靠的指标。也就是说，当某人持有该证据时，多数情况下 p 为真。按这种回应的理解，因为克利奥女士缺乏可靠主义视域下的证据，所以她没能获得辩护。

还有一种回应辩称，尽管克利奥女士的信念是可靠的，可它并不是以一种能够被算作证成的正确方式形成的。推进这种回应的方式之一是认为，只有足够"原始"的信念生成过程，才能通过可靠的方式实现简易的证明。该回应的大意是，信念生成的过程必须是"推理不透明的"（也就是说，个体无法通过内省觉察到导致该信念的认知过程），并且这一过程必须是在学习和先天限制的作用下发展起来的。另一种充实这种回应的方法是，为了产生证成的信念，除了可靠性以外，这个过程必须是"正常运行的"。这种回应的想法是，信念生成过程必须被设计成（例如由上帝）产生某种类型的真信念，或者这个过程必须可靠，因为它是通过自然选择发展起来的，以在特定环境下产生特定类型的真信念的过程。该回应主张，尽管克利奥女士的信念是可靠的，但是该信念没有得到证成，因为它是在一个相关意义上不能正常运行的过程中产生的。

还有一种回应强调，尽管克利奥女士的信念是可靠的，但是因为它没有体现出她的认知德性，所以该信念没有得到证成。该观点认为，为了使信念生成过程产生证成的信念，这个过程必须与作为认知主体的人的品性相结合。由于克利奥对自己的神通能力一无所知，在这种事情上也没有精准的记忆，所以她的洞察能力不足以成为她作为认知主体的品性的一部分，去提供证成的信念。

25

被遗忘的证据：牛油果是健康的，但我忘了为什么

背景

回想一下内在主义的显著形式证据主义，它声称某人的信念在任一特定时刻能否得到证成，取决于这个人在这一时刻所拥有的证据。尽管如此，某人的辩护取决于他在某一特定时刻所拥有的证据或者理由的观点，却不单单是证据主义的一个特征。这是多数形式的内在主义的普遍承诺。还有，某些形式的外在主义也认同这种主张。毕竟，有些形式的外在主义需要某人拥有证据，才能得到辩护。根据所有这些关于辩护的观点，似乎如果 S 在某一特定时刻相信 p 没有证据，那么即使 S 在这个时候相信 p，他的信念也证不成。

【**关键词**】 认知辩护：外在主义 vs 内在主义；被遗忘的证据

我们将思考两个人：贝尔和比尔。我们先从贝尔开始说起。贝尔是一个特别细心的人。她只信任她知道来源的可靠的信息，她不会仅仅因为希望某事为真而相信某事，诸如此类。也就是说，她和我们所有人一样。她不是万无一失的；有时候，她也会犯错，也会忘记事情。几个月

前，贝尔研究了吃牛油果的益处。像往常一样，贝尔在得知牛油果富含脂肪、膳食纤维和几种维生素时，只查询了可靠来源的信息。所以，当贝尔形成关于牛油果是一种健康的食物的信念时，她这样做是基于充分的证据的。结果就是，贝尔形成了一个证成的信念，即牛油果是一种健康的食物。现在，几个月过去了，贝尔依旧相信牛油果是一种健康的食物。然而，她却不记得她是如何形成这一信念的了。也就是说，贝尔已经忘了关于这一信念的所有证据，但是她依旧相信牛油果是一种健康的食物。

相比而言，比尔对他所相信的东西不那么谨慎。至少有些时候，比尔会在没有充分证据的情况下相信一些东西。几个月前，比尔形成了一个信念，即牛油果是一种健康的食物。他对此的证据是什么呢？事实就是他认为牛油果很好吃，仅此而已。比尔没有就牛油果的益处做任何研究，也没有问任何可能知道这一点的人。仅仅因为喜欢牛油果，比尔就形成了牛油果是健康的食物的信念。显然，比尔关于牛油果是健康的信念没有得到证成。几个月后的今天，比尔已经忘了他是如何形成牛油果是健康的这个信念的，但他依旧相信牛油果是一种健康的食物。

我们很容易就能看到，贝尔和比尔的信念的形成是截然不同的。贝尔对她的信念有充分的证据，而比尔没有。在他们各自最初形成自己的信念时，贝尔得到了证成，而比尔没有得到证成。如今，他们都已经忘了他们对自己的信念的证据。尽管如此，凭我们的直觉，贝尔的信念仍然是得到证成的。毕竟，有许多我们知道的事情，我们忘了最初相信它们的证据。想一想，你可能相信乔治·华盛顿是美国的第一任总统；然而，你很可能不记得自己是怎么知道这件事的，也不记得你最初相信它的证据。即便这样，你所知道的乔治·华盛顿是美国的第一任总统还是得到了证成的（其实你知道）。因此，看起来即使支撑某些信念的最初的证据已经被遗忘了，至少还是有些信念是得到证成的，比如你关于华盛顿的信念，贝尔关于牛油果的信念。但是，这一事实如何能够更普遍地与证据主义或者内在主义相一致呢？

回应

一些内在主义者试图通过声称，某人当前的心灵状态不是决定辩护的关键，相反，重要的是这个人最初形成一个信念时所拥有的证据，可以回应这种案例。如果一个信念在最初形成时得到证成，那么它在之后也将得到证成（假设某人没有获得挫败这个信念的新证据）。并且，如果一个信念在最初形成时没有得到证成，那么它在之后也得不到证成（假设某人没有获得支撑这个信念的新证据）。这种回应似乎生成了直观的结论，但是它可能存在一个问题。这种回应也许符合内在主义的字面意思，但却不符合其正确旨意。很多人认为，让人们当下心灵状态之外的东西来决定辩护，这与内在主义是背道而驰的。

内在主义者的另一种回应是，接受融贯主义的一个版本。融贯主义认为如果某人的一个信念与她的其他信念足够融贯，那么这个信念就是得到证成的。所以，关于贝尔，融贯主义者会说，尽管她已经忘了自己对于这一信念的最初证据，但是因为她有许多证据表明，这一信念与她所相信的其他事情是融贯的，所以她的这一信念是得到证成的（诸如她不会无缘无故地形成信念；水果和蔬菜往往是健康的；等等）。在论及比尔的信念时，融贯主义者所说的将取决于比尔的其他信念的更多细节。所以，根据这种回应，比尔的信念或许也能被证明是得到证成的。归根结底，这取决于他对牛油果的信念与他的其他信念的融贯程度如何。

内在主义者的一种不同的回应认为，在遗忘证据的情况下，信念可以通过回忆表象得到证成。这种回应认为，贝尔关于牛油果的信念是得到证成的，因为对她而言，当她想到这个信念时，它就像真事甚至是她所知道的真事，而不是刚刚才第一次浮现在她的脑海里的事情。根据这种回应，记住某事的表象的现象学与单单考虑某事或者首次形成某个信念的现象学，有一些重要的不同之处。当比尔想到他关于牛油果的信念时，可能也是如此。这种回应认为，比尔的信念同样是得到证成的。

还有一种回应是采纳所谓的认知保守主义。认知保守主义者认为，拥有一个信念，就可以对这个信念的内容进行一些积极的认知定位。更简单地说，认知保守主义者主张，信念在被证实为假之前都为真。所以，现在论及贝尔的信念，认知保守主义者会说，除非她有理由认为自己的信念为假，或者实际上不是通过可靠的方式形成的，否则她的信念就是得到证成的。按照认知保守主义者的观点，比尔的信念也是如此。

26

存储信念难题：恹恹欲睡的学生

背景

在论及信念时，有三个重要的区分，对澄清问题是有益的。第一个区分是存在一些我们通常称之为"当下信念"的东西。当下信念是指那些此刻出现在你意识中的信念，即你现在正在思考的信念。例如，想想你的信念——加拿大在美国的北方。现在，"加拿大在美国的北方"这个信念对你而言就是当下的现实。第二个区分是存在"倾向信念"，这些是你存储在记忆中的信念。比如，在你有意识地思考加拿大在美国的北方这一事实之前，可能你已经相信了这一点。这个信念曾经被存储在你的记忆中，现在依然如此。你在记忆中拥有的任何信念都是倾向性的。在你思考它们的时候，它们有些是当下的，诸如"加拿大在美国的北方"这一信念，有些是倾向性的、非当下的（它们被存储在记忆中，但是你此刻没有思考它们）。第三个区分其实并不是一种信念，但它与信念有关，就是对于某事有"相信的倾向"。譬如，现在（在看之前）你有相信外面停着一辆轿车的倾向。你现在尚不相信这一点，但是如果你看向窗外（当然，看见了一辆轿车），你就会形成这个信念。因此，如果我们采取了正确的刺激措施，你就会倾向于相信这个信念。

第三部分　辩护

【关键词】　知识论问题：认知辩护；外在主义 vs 内在主义；存储信念

　　凯是一个好学生。他天生求知欲强，踏实做作业，专心听讲，认真思考哲学教授告诉他的事情。不过很多天以来，凯也感到很累，因为他花了太多的时间熬夜思索哲学问题。有一天，哲学教授在班上（包括凯）介绍了一个逻辑原则 L。她没有告诉学生们这个原则是真是假，而是让他们去反思，看它是不是先验（只通过反思）可知的。凯以前从来没有思考过这个原则，他开始努力地思考这个原则是否为真。在把注意力集中到 L 上几分钟后，凯猛然意识到这个原则显然为真。由于这种智力上的表征（我们或许称其为"直觉"的东西），凯相信 L 为真。为简单起见，我们假定这种智力上的表征是证明凯相信 L 为真的足够充分的证据，并假定 L 为真：凯并未处在某种奇怪的盖梯尔难题中。所以，凯证成地相信 L，事实上他知道它。他告诉教授，L 为真，以及他是怎么看出来的。倒霉的是，在他可以得到理所当然的赞扬之前，他陷入了沉睡。思考 L 的艰辛加之前一晚漫长的哲学思考使他精疲力竭，这对他来说太难了。他睡得太沉了，甚至都没有做梦。在凯睡着的时候，他的哲学教授（指着睡着的凯）对另一位教授说："他知道 L 为真。"

　　凯睡着时，他的哲学教授说他知道 L，他说的是对的，这似乎很直观。然而，我们还不清楚，在这个案例中，凯对于他的信念 L 有什么证据。如果凯在无梦的睡眠中实际上真的知道 L，而且他在这种状态下没有对于 L 的证据，那么证据主义以及其他需要证据来辩护的理论就陷入了很深的困境中。毕竟，这些理论声称，除非某人的证据为相信 p 提供了足够有力的支撑，否则他不可能有对 p 的辩护或知识。

131

回应

尽管这个案例与遗忘证据的案例有很大的不同，但是两者的相似之处在于，它们都产生于对记忆在辩护中所起作用的思考。鉴于它们的相似性，一些用于应对遗忘证据难题的回应，经常被用来处理这类案例，也就不足为奇了。比如，对这类案例的一些回应坚称，决定辩护的关键不是某人当下的证据，而是他在最初形成某一信念时所拥有的证据。如果一个信念在最初形成时得到了证成，那么它在之后也将会得到证成（假定某人没有获得挫败这个信念的新证据）。所以，根据这种回应，人们也许会主张，凯现在知道的原因是，在他形成这个信念时他相信 L 有充分的证据，并且他在无梦的睡眠中显然没有获得任何挫败性的证据。

对遗忘证据难题的另一种回应是融贯主义。回想一下，融贯主义者认为，某人的某一特定信念只有在与他的其他信念足够融贯的前提下，才是得到证成的。融贯主义者也许会认为，因为凯的信念与他的其他信念足够融贯，所以他的信念 L 在他形成它时就是得到证成的。不仅如此，融贯主义者还坚称，当凯无梦睡眠时，他的信念之间的融贯性不受影响，即它们融贯得和他醒着的时候一样良好。因此，融贯主义者也许能够回应称，因为凯的信念的融贯性，所以在他睡着时，他的信念仍然是得到证成的。

还有一种对遗忘证据难题的回应，适用于存储信念难题，那就是认知保守主义。既然认知保守主义者认为，拥有一个信念，就可以对这个信念的内容进行一些积极的认知定位，那么人们就可以推而广之认为，凯的信念 L 在他睡觉时得到证成的关键完全在于他拥有这个信念。

此外，还有一种与遗忘证据难题的回应表面相似、实则大不相同的回应。一些对遗忘证据难题的回应声称，对人们来说有问题的信念是他们记得的某些事物。类似的挪用也适用于本案例。有人也许会辩称，凯的信念 L 得到证成是因为他有一种把 L 当作他记得的东西来回忆的倾向。一种有点关联的回应辩称，就像我们能够区分当下信念与倾向信念，我们也能够区分当下证据与倾向证据。于是，这种回应主张，只要接受凯在无梦睡眠时的倾向信念 L 得到证成是合理的，那么假定他拥有支撑他的信念的倾向证据也一样是合理的。

最后一种回应辩称，其实存储信念根本不存在。这种有些激进的回应辩称，记忆认知科学教会我们，在确实存在存储信念而不是仅存在相信倾向的前提下，记忆在以必要的方式使存储信念为真的路径中根本不起作用。因此，按这种回应的观点，这个案例不存在难题，因为凯在睡着时其实并不相信 L。

27

对适当功能主义的沼泽人反驳：
来自沼泽的拜访者

背景

适当功能主义是一种独特的外在主义理论，正如我们已经看到的，一些人诉诸这种理论，以避免简易可靠主义观点所面临的难题。尽管该观点最知名的界定是作为一种保证理论（这个术语是用来代表任何将真信念转化为知识的东西，即它既包括辩护，也包括解决盖梯尔难题所需的条件），但实际上，适当功能主义的不同版本也被用于解释各种知识论价值，如辩护、认识概率等等。在这里，我们将重点介绍对保证的表述，因为它是适当功能主义的核心，还因为它与本书该章的辩护主题足够吻合。按适当功能主义的观点，S 的信念是得到保证的，当且仅当：（1）S 的信念 p 是通过适当运行的认知能力产生的；（2）产生 S 的信念的认知能力是以真理为目标的；（3）S 是在相关认知能力被设定的环境中形成信念 p 的；（4）认知能力的设定方案是可靠的（在恰如其分的环境中，认知能力适当运行所形成的信念极有可能为真）。适当功能主义的一个核心问题是：究竟什么是"设定计划"？一种理解适当功能主义的突出方式是从字面意义上来理解设定计划的想法：上帝是人的认知能力的创造者与设定者。上帝设定了人的认知能力，使其在特定的环境中能够适当地运作。另一种理解适当功能主义的突出方式不是从字面意义上来理解的。根据这种对适当功能主义的理解，认知能力的设定计划涉及认知能力是如何通过自然选择过程，在这个物种的繁衍中发挥作用的。也就是说，这两种版本的适当功能主义的最终结果都一样。为了获得保证，某人的信念必须是由认知能力形成的，并在适当的环境中按照其设定计划来运作。

【关键词】 认知辩护；外在主义 vs 内在主义；适当功能主义；沼泽人

在一个怡人的春日，艾尔外出散步。他玩得很尽兴，一直在走着，直到发现自己走到了沼泽的边缘。现在是下午早些时候，春光明媚，艾尔在沼泽边伫立了一会儿。他惬意地看着树林，望着鸟儿飞来飞去，偶尔还能听到水里鱼儿扑通的声音。当艾尔欣赏美景时，一道闪电击中了沼泽！幸运的是，艾尔离得足够远，没受任何伤。"哇噢！"他心想，"我听过许多晴天霹雳的案例，这还是我第一次亲眼所见。"艾尔没看到天上有乌云或者其他可能会再出现闪电的迹象，他决定继续欣赏美景。艾尔是如此地专注于沼泽，以致他没有发现，离他几英尺远的地方也伫立着另一个欣赏美景的人。这个人就是萨尔。萨尔是艾尔的复制分子。不知何故，在闪电击中沼泽时，萨尔被创造了出来。

由于萨尔是艾尔的分子的复制品，因此他长得像艾尔，谈吐像艾尔，走路像艾尔，思考也像艾尔。事实上，萨尔有着与艾尔完全一样的信念，他的推理方式也与艾尔完全相同。现在，艾尔相信有一只鸟儿在离他不远的地方飞翔，因为他看到了。萨尔也相信有一只鸟儿在离他不远的地方，因为他也像艾尔一样看到了。显然，艾尔关于有一只鸟儿在飞翔的信念是得到保证的。毕竟，他是一个视力良好的正常人，可以在良好的观看条件下去观察附近的鸟儿，并且此时没有奇异的盖梯尔难题发生。适当功能主义认同这种论断，因为在条件被设定的情况下（良好的观看条件），艾尔的视觉能力是适当地运行的。那萨尔呢？从直觉上看，萨尔关于附近有一只鸟儿在飞翔的信念也是得到证成的。萨尔和艾尔一样清楚地看着同一只鸟儿。萨尔的视觉运行得与艾尔的一样好，毕竟他是艾尔的复制分子。在此，适当功能主义似乎面临着一个难题。萨尔是刚刚被一次随机的闪电击中而创造的。因此，萨尔的认知官能没有设定计划，它既不是由一个有意的设定者设定的，也不是由自然选择过程设定的。由于萨尔的认知功能缺乏设定计划，所以他的信念无法满足适当功能主义对于保证的要求。因而，适当功能主义声称萨尔的信念是没有得到保证的。但是，从直觉上看，萨尔的信念是得到保证的。毕竟，在相同的条件下看着相同的事物，怎么可能艾尔的信念得到了保证，但是作为艾尔分子复制的萨尔，持有相同的信念却得不到保证呢？

回应

正如我们所知，在评估知识论理论时，案例不一定要真实才能有效，但它们必须是可能的。一些人对这种案例的回应辩称，它实际上是不可能的。此处的想法是，如果存在诸如萨尔这样的生物，那么他事实上根本不会拥有信念，因为他缺乏形成信念的表征内容（这是在心灵哲学中最早形成沼泽人案例时所显示的）。

另一种回应允许这个案例是可能的，但坚持认为，除了有意的设定或者自然选择的过程以外，认知官能或许还有其他方法可以满足设定要求。这种回应声称，尽管萨尔的认知官能缺乏设定，但由于某种原因，他的能力算得上是正常运作的。适当的功能主义试图据此产生直觉的结果，即萨尔的信念与艾尔的信念一样，是得到保证的。

一种不同的回应也允许这个案例是可能的；但是，它没有尝试提出一种适当功能主义能够允许萨尔的信念得到保证的方法，而是争辩说，其实我们有充分的理由认为，萨尔的信念没有得到保证。这里的总体思路是，在某个重要的意义上，考虑到萨尔被创造的方式，出于运气，萨尔的信念是正确的。因此，这种回应主张，萨尔的信念确实没有得到保证，因为他与艾尔不同，他是处在类似于盖梯尔难题的情境之中。

还有一种回应试图攻击我们在判断萨尔的信念是否得到保证时所依赖的直觉。简而言之，这种回应表明，我们倾向于认为萨尔的信念是得到保证的，是因为我们依赖于一种直觉，即如果两个主体持有相同的信念，并且他们在相关的近似环境中以同样的方式持有它，那么如果一个人的信念得到保证，另一个人的信念也将得到保证。这种回应认为，尽管这一直觉看起来貌似合理，但是有许多案例表明它是错误的。一旦事实表明这一直觉是错误的，我们就不再有充分的理由认为萨尔的信念是得到保证的。

28

未掌握的证据：错过演出

背景

前面我们提到，证据主义是一种著名的内在主义辩护理论，它主张辩护即是一个人所拥有的证据的问题。重要的是，证据主义声称，S对任何命题的辩护都是随附于他当时拥有的证据的（当X随附于Y，便意味着如果没有Y的差异，就不可能有X的差异）。所以，根据证据主义的观点，S在某一特定时间相信p是否得到证成，取决于S在这一时间拥有的证据。S曾经拥有但是现在已经忘记的证据，对S现在对其的相信得到证成的事情没有影响。同样，S还没有但终将会拥有的证据，对S现在对其的相信得到证成的事情也没有影响。简而言之，证据主义认为，在论及辩护时，证据是最重要的事，而唯一重要的证据就是某人当下拥有的证据。

【关键词】 认知辩护：外在主义 vs 内在主义；未掌握的证据

安德鲁和里奇计划今晚晚些时候去看一场演出。他们眼下正在试图决定，是否应当进入一家餐厅的候餐名单，因为他们被告知等候时间会很长。考虑到候餐与用餐时间，他们要到晚上 8：30 才能赶到演出现场。他们都很想看这场演出,不想错过任何一点。安德鲁问里奇:"你觉得我们有足够的时间在这里吃饭,还能赶上表演吗?"里奇答道:"我们可以的。我今天早些时候查看了演出时间,晚上9:00才开始。"由于他们都知道,这个地方的演出时间几乎从不改变,而且晚餐不会影响演出的开始时间,因此他们决定进入候餐名单,在这家餐厅享用晚饭。

之后,安德鲁和里奇来到了演出现场,此时距晚上9:00还有很多时间,他们决定把进场时间定在8:45。当他们到达时,他们却被告知不能进场,因为演出正在进行——演出7:00就开始了!当他们抱怨演出本应当晚上9:00才开始时,工作人员告知他们演出必须提前至晚上7:00,以便在后面能有另一场演出。售票处的人告诉他们,他们不仅在自己的网站上发布了这一变化,而且还给买票者发了电子邮件和短信。当里奇查看他的手机时,果然,上面有一条短信和一封电子邮件,通知他演出将在晚上7:00开始,而不是9:00开始。在回家的路上,安德鲁说:"你在餐厅时为什么不查看一下你的手机呢?就算你不知道他们发了电子邮件和短信,但是你至少可以查看一下他们的网站。如果你查看了,我们就不会在那里吃东西,就不会错过这场演出了。"

在这个案例中,里奇有充分的理由相信,演出会在晚上9:00开始,所以证据主义认为他的信念是得到证成的。然而,哪怕他只是看了眼兜里的手机,他也会获得额外的证据,这个证据不但会使他关于演出会在晚上9:00开始的信念证不成,而且会使他证成地相信演出会在晚上7:00开始。看起来,安德鲁对里奇不查看手机的批评是适当的。不过,证据主义认为,里奇的信念在认知上没有任何错误。那么安德鲁的批评又怎么可能是适当的呢？

回应

对这个案例的一种回应声称，安德鲁的批评是适当的，因为里奇的信念是证不成的。此处的想法是，与证据主义相反，某人当下没有但是应当拥有的证据，会影响他的信念是否得到证成。由于里奇本可以轻易地查看手机，而且他也应当这样做，所以他关于表演会在晚上 9：00 开始的信念是没有得到证成的。然而，一些证据主义者提出，尽管我们对这个案例的判断是正确的，但是这并不意味着证据主义是错误的。因而，这种回应的一个版本表明，证据主义确实应当被理解为：辩护取决于 S 拥有的证据，以及 S 以负责任的方式收集的证据。考虑到这一版本的证据主义，里奇的信念，即演出在晚上 9：00 开始，不能算作得到证成了。理由是，尽管他在到达场地之前的证据支持他相信演出在晚上 9：00 开始，但是他的取证工作没有负责任地进行。

一种类似的回应坚持认为，存在两种意义上的辩护：一种我们通常称之为"辩护"，这种回应声称，此辩护是知识所必需的，并且已被证据主义准确描述过；另一种是"强有力的辩护"。强有力的辩护要求某人对其证据收集认真负责，此外还要求证据支持相信所讨论的命题。按照这种回应，像安德鲁和里奇这样的案例并没有表明证据主义是错误的；相反，它们揭示出存在另一种辩护（强有力的辩护），其对知识而言并不是必需的，但依然非常重要。

一些证据主义者提出的进一步回应声称，尽管安德鲁的批评是适当

第三部分 辩护

的这一点是正确的,但这并不是因为里奇缺乏任何辩护。证据主义认为里奇对相信演出在某一特定时间开始的辩护,只取决于他所拥有的证据,也就是说,他本可以很轻易地获取额外的证据,但是这一点并不重要。重要的是,里奇拥有证据支撑他相信演出在晚上 9:00 开始。即便如此,里奇依然被批评为是一个糟糕的认知行动者。如果他能够在那种情景中收集随手可得的证据,那么作为一个认知行动者,他能够做得更好。这种回应认为,里奇作为一个认知行动者的整体缺陷,与他在任一特定时间得到辩护并相信什么之间没有关联。

29

斑点鸡难题：一对母鸡

背景

在这里，区分两种形式的基础主义是有助益的。第一种我们通常称之为"经典的基础主义"，因为它对笛卡尔提出的基础信念的要求非常严格。第二种通常指的是"温和的基础主义"，因为它对基础信念的要求相对温和。经典的基础主义的一个突出版本（其他版本也类似）认为，为了获得相信 p 的非推理性（不基于其他信念）辩护，必须满足三个条件：(1) S 必须直接亲知思想 p；(2) S 必须直接亲知 p 的使真者（使 p 为真的世界的特征）；(3) S 必须直接亲知思想 p 与 p 的使真者的对应关系。什么是直接亲知？这很难准确地阐明，所以经典的基础主义者往往用实例的方式来解释它。想一想，你正处在剧烈疼痛的情形中。你与你的痛感之间的关系，就是一种直接亲知的关系。从这些要求的严格性可以猜到，经典的基础主义者认为，关于周遭世界你无法拥有非推理性的证成的信念。你只能对你自己心灵的内容（也许还有一些逻辑真理）拥有非推理性的证成的信念。经典的基础主义是内在主义最极端的形式之一。相比之下，温和的基础主义既有内在主义的，也有外在主义的。在涉及非推理性辩护时，它就不那么严格了。例如，许多形式的温和的基础主义都允许，如果某人拥有关于 p 的经验，那么他就拥有相信 p 的非推理性辩护。

【关键词】 认知辩护：外在主义 vs 内在主义；斑点鸡难题

吉尔伯特决定养一只鸡当宠物。所以，吉尔伯特在看一个鸡圈里的母鸡。在光线良好且离他很近的地方，他看到了两只母鸡。这两只母鸡都有白色的羽毛，黑色的斑点。奇怪的是，这两只母鸡的斑点都在它们身体的一个侧面。当吉尔伯特看的时候，他看见了这两只母鸡身上所有的斑点。第一只母鸡身上有 3 个斑点，第二只母鸡身上有 48 个斑点。不过，吉尔伯特没有花时间数这两只母鸡身上的斑点。

这个案例听起来相当单调和乏味。然而，它却对经典的基础主义提出了一个被广泛讨论的挑战。也有人认为，这一挑战也适用于温和的基础主义。这个难题是什么呢？吉尔伯特的视觉经验似乎在他看向第一只母鸡时，呈现给他的是一只有 3 个斑点的母鸡的形象，当他看向第二只母鸡时，呈现给他的是一只有 48 个斑点的母鸡的形象。然而，直观地说，当我们谈到什么是吉尔伯特证成地相信的东西时，似乎他关于第一只母鸡有 3 个斑点的信念是得到证成的，而他关于第二只母鸡有 48 个斑点的信念是没有得到证成的。但是，经典的基础主义者如何能够解释这种差异呢？温和的基础主义者又如何解释这种差异呢？

回应

为什么吉尔伯特关于有 3 个斑点的母鸡有 3 个斑点的信念得到了证

成，而他对于另一只母鸡有48个斑点的信念却没有得到证成呢？外在主义者声称，吉尔伯特在形成关于3个斑点的信念时是可靠的，但是在形成48个斑点的信念时是不可靠的。尽管如此，内在主义者（既有经典的基础主义者，也有温和的基础主义者）对这个难题提出了许多不诉诸可靠性的回应。

一种回应声称，吉尔伯特有一个看起来像3个斑点的现象概念，但是在论及48个斑点时，他却缺乏这样的概念。这就是为什么吉尔伯特能够识别出有3个斑点的母鸡有3个斑点，但识别不出有48个斑点的母鸡有48个斑点。

另一种回应认为，某人能够直接亲知可确定的属性，但无法直接亲知潜在确定的属性。"红色"是可确定属性的一个案例，而"深红色"是确定属性的一个案例。例如，一件衬衫具有红色的可确定的属性，因为它具有特定的红色色调——深红色的确定属性。在母鸡的案例中，吉尔伯特或许直接亲知第二只母鸡有许多斑点，但却无法直接亲知它有48个斑点。这种对母鸡有48个斑点的亲知的缺乏，解释了为什么吉尔伯特关于那只母鸡看起来有48个斑点的信念没有得到证成。

一种不同的回应认为，吉尔伯特直接亲知那只母鸡看起来有48个斑点，但是他不直接亲知以这种方式观看的那只母鸡与那只母鸡有48个斑点之间的对应关系。同样，在经典的基础主义者的脑海中，这将意味着吉尔伯特相信那只母鸡有48个斑点没有得到证成。

我们再把目光转向温和的基础主义。一种温和的基础主义的回应认为，为使这种案例得到辩护，人们必须证成地相信那只有48个斑点的母鸡看起来有48个斑点，但吉尔伯特在这个观看命题中没有得

第三部分 辩护

到证成。大意是，为使某人基于视觉经验证成地相信某物是 F，某人必须证成地相信 F 看起来就像是这样的，即没有对这个观看命题的辩护，仅仅因为拥有一个特定的视觉经验，某人认为某物是 F 不可能得到证成。

另一种回应涉及区分表象与感觉。大致而言，根据这种回应，表象是将某一特定内容呈现为真实的经验，而感觉则更像是脑海中的画面。根据这种回应的支持者的观点，处理这种区分的一种方式是，思考联想性失认症的心理现象。患有联想性失认症的人尽管似乎记得熟悉的东西，但却无法通过视觉识别它们（例如，他们通常知道铅笔是什么，但是当他们看到铅笔时却认不出来）。更重要的是，尽管这些患者无法识别铅笔，但当他们看着一支铅笔时，他们却能够把他们所看见的铅笔准确地画下来。对这一现象的反思导致一些人坚持认为，正在发生的事情是，这些患者拥有铅笔的视觉感受（他们看到了铅笔的样子），但是他们缺乏正常的联想性的表象（对他们而言，那些物体似乎不是铅笔）。这种回应认为，提供辩护的是表象而不是感觉。应用于斑点鸡上面，这种回应主张，在论及第一只母鸡时，吉尔伯特既有 3 个斑点的感觉，也有这只母鸡有 3 个斑点的表象，所以他相信这只母鸡有 3 个斑点是得到证成的。在论及有 48 个斑点的母鸡时，吉尔伯特拥有关于它的感觉，但他没有这只母鸡有 48 个斑点的表象，所以吉尔伯特相信这只母鸡有 48 个斑点没有得到证成。

还有一种回应声称，吉尔伯特经验到了有 48 个斑点的母鸡的每一个斑点，但他却没有经验到那只母鸡有 48 个斑点。此处的想法是，吉尔伯特的经验代表了斑点 1，斑点 2，斑点 3，等等，但是并不代表有

48个斑点。所以，吉尔伯特关于那只母鸡有48个斑点的信念没有得到证成。不过，在有3个斑点的这只母鸡的情况下，吉尔伯特的经验表征了每个斑点，也表征了这只母鸡有3个斑点。

30

背景信念难题：观鸟

背景

一种越来越受欢迎的温和的基础主义的特定形式，是所谓的现象保守主义。现象保守主义通常认为，外观或者表象（事物仿佛是的样子）是非推理性辩护的来源。更确切地说，现象保守主义认为，如果某个命题 p 对 S 来说清晰且坚定地似乎为真，那么（假设 S 没有未被挫败的挫败者）S 就得到证成地相信 p 为真。我们需要回答几个问题，以便能牢牢地掌握现象保守主义。第一个问题是：什么是表象？多数学者都认同表象是一种经验，表象是有三个特征的经验。第一，表象包含命题内容。这意味着它们是以一种特殊的方式表征着世界。第二，表象可以是精确的/不精确的。由于表象是以一种特殊的方式表征着世界，所以当世界如其所是时，表象是精确的，而当世界没有如其所是时，表象是不精确的。第三，表象有一种特殊的现象学意义。表象中有着某种被称作"现象力"的东西。它们以一种使其内容感到真实的方式表征着它们的内容。例如，想象院子里有一棵树与实际看见院子里有一棵树。在这两种情况下，经验（想象与视觉经验）都有命题内容，即院子里有一棵树。然而，只有你的视觉经验是具有现象力的。视觉经验以一种使内容感到真实的方式表征着其内容,然而想象不是。

结合表象的概念,我们来看看第二个问题:什么是未被挫败的挫败者?挫败者是指能使人失去辩护的事物。一般来说,我们可以区分两种类型的挫败者:反驳型挫败者和削弱型挫败者。想象一下,一个你信任的人告诉你 p;再想象一下,一个你同样信任的人告诉你非 p。在这种情况下,第二个人的证言是对第一个人的证言的反驳,它让你有理由认为,第一个人告诉你的是假的。现在想象一下,并非有人给你矛盾的证言,而是你了解到,告诉你 p 的人并不像你想象的那样值得信赖,他容易在 p 之类的事情上撒谎。在这种情况下,你似乎也失去了此人的证言为 p 提供的辩护。然而,你并没有理由认为 p 是假的。相反,在这种情况下,此人的证言所提供的辩护因为你得知他不值得信赖而被削弱了。挫败者本身也会受到挫败者的影响。让我们再来看看这个案例的第一个版本。第一个人告诉你 p,然后因为第二个人告诉你非 p,所以你获得了一个挫败者。你现在了解到,虽然第一个人值得信赖,但是第二个人完全不可靠。在这种情况下,第二个人的证言为你提供的挫败者本身现在也被挫败了,所以你只剩下第一个人的证言所提供的辩护。你开始时有辩护(因为第一个人告诉你 p),这个辩护被挫败了(你从第二个人告诉你的事情中得到了一个挫败者),然后你原来的辩护被恢复了(你从第二个人的证言中得到的挫败者本身被挫败了)。总而言之,现象保守主义的总体思想是,对你而言,p 的表象能够使你相信 p 得到了辩护,只要该辩护不被你所拥有的其他信息挫败。

【关键词】 背景信念难题(专家/新手)

约翰和德肖恩决定下午去观鸟。说到观鸟,德肖恩是这方面的专家，但约翰完全是个新手。在某一时刻，他们都看到了一只很大的鸟，它有着棕色的羽毛和一条与众不同的红色尾巴。由于这些特征和其他特征，德肖恩立即认出这是一只红尾鹰。约翰也认为它是一只红尾鹰。德肖恩和约翰都没有特别提到关于这种鸟的独有特征的特定信念或信息。相反，他们都只是看到了这只鸟，并相信它是一只红尾鹰。

在这个案例中，德肖恩的信念似乎是得到证成的，但约翰的信念则不然。虽然在这个案例中辩护理论应当说什么是显而易见的，但是我们尚不清楚，像现象保守主义这样的理论如何产生直觉上正确的结果。毕竟，德肖恩和约翰在相同的条件下看到的是同一只鸟。这难道不意味着他们有相同的外观/表象吗？而且，如果他们都具有相同的表象，并且该表象为他们中的一个人提供了辩护，那么它不应当为另一个人也提供了辩护吗？

回应

对于这类案例，学界有许多种回应。现象保守主义采取的一种回应方式是，区分表象和感觉。虽然德肖恩和约翰确实具有相同的视觉感受，但实际上他们的表象并不相同。在德肖恩看来，这只鸟是红尾鹰，但在约翰看来却并非如此。他们在表象上的这种差异解释了，为什么德肖恩的信念是得到辩护的，而约翰的信念却没有得到辩护。

另一种回应并未将表象与感觉区分开来，而是坚持认为，通过训练，经验向专家呈现的内容与向新手呈现的内容是不一样的。这里的想法是，由于德肖恩受过专业的训练，所以他的视觉经验比约翰的视觉经验提供的信息更多，而正是德肖恩经验的丰富性解释了他们得到辩护的差异。

然而，另一种回应仅诉诸得到证成的背景信念，来解释德肖恩和约翰的辩护之间的区别。德肖恩有许多得到证成的背景信念支持他相信在这类案例中的表象，而约翰有得到证成的背景信念可以作为他的表象的挫败者。例如，约翰貌似合理地拥有得到证成的背景信念，如他是新手，并且他无法通过视觉识别大多数鸟类。这种得到证成的背景信念提供了削弱型挫败者，因此，约翰关于这只鸟是红尾鹰所提供的表象的辩护被挫败了。

另有一种回应认为，这类案例对现象保守主义造成了严重的问题，继而坚持认为，现象保守主义需要进行修改，或者应当接受其他的替代理论。一些外在主义者认同现象保守主义的一个版本，其中表象提供了辩护，但前提是这些表象能可靠地表明其内容的真实性。这种外在主义版本的现象学保守主义可以避免这个问题，比如它可以声称只有德肖恩的表象是可靠的，所以只有他的表象提供了辩护。当然，一个外在主义者也可能完全否认现象保守主义，并认为此处的区别仅在于，德肖恩的信念是由可靠的信念生成过程而形成的，而约翰的不是。内在主义者可能坚称，对任何提供辩护的表象而言，人们必须使这类表象是可靠的这一信念得到辩护。或者，内在主义者可能会选择上一章讨论的那种外观观点，而不是现象的保守主义。这种回应的想法是，与其说表象本身提供了辩护，不如说德肖恩的辩护是他拥有表象，并且他知道红尾鹰长什么样，而约翰却不知道它们长什么样。

31

认知渗透：淘金热

背景

对现象保守主义的另一个挑战涉及所谓的"认知渗透"。大意是各种非证据因素似乎可以改变我们对事物的表象。例如，当我们非常生气时，别人的面部表情可能看起来充满敌意；而当我们不生气时，同样的表情可能看起来很平和。有些人认为，认知渗透的可能性给现象保守主义带来了严重的问题，因为它表明并非所有表象都能提供辩护。

【关键词】 认知渗透

帕特丽夏和彼得决定一起在那条溪流中淘金。帕特丽夏是淘金专家，她受过多年训练，能够通过肉眼识别哪怕非常小的黄金，她知道正确的淘金技术。然而，彼得对这一切完全陌生。他从来没有学过如何用肉眼来区分黄金和其他东西（如黄铁矿），他也不知道正确的淘金技术。然而，彼得非常渴望在他的第一次出征中能找到一些黄金。一切准备就绪后，帕特丽夏和彼得开始从河床上面舀泥土并过筛。这持续了很长一段时间。彼得有点着急了，他担心自己找不到黄金，但是他真的非常想淘到金子。最后，当他们筛到第100盘时，他们都看到了吸引他们眼球的东西。由于受过训练，帕特丽夏觉得他们淘金盘里的小石头就是金子。这块小石头在彼得看来也是金子，但这不是因为训练（毕竟他没有受过训练）；相反，对彼得来说，似乎是因为他真的非常想找到金子。

在这种情况下，我们应如何看待帕特丽夏和彼得的表象呢？很直观的是，帕特丽夏关于这块小石头是金子的表象，使她的这块石头是金子的信念得到了辩护。但彼得的呢？有学者认为，由于他的表象是他一厢情愿的结果，所以这个表象并不能使他的这块石头是金子的信念得到辩护。为什么这很重要？回顾一下，现象保守主义认为，如果某个命题 p 对 S 来说清晰且坚定地似乎为真，那么（假设 S 没有未被挫败的挫败者）S 就得到证成的相信 p 为真。在这个案例中，帕特丽夏清晰而坚定地认为这块小石头是金子，并且彼得也清晰而坚定地认为，这块小石头是金子。因此，现象保守主义声称，假设他们没有未被挫败的挫败者，他们两人关于这块小石头是金子的信念都是得到证成的。然而，彼得似乎不应当相信这颗小石头是金子。如果彼得不应当相信这块小石头是金子，那么现象保守主义看起来可能会有严重的问题。

回应

对这个案例的一种回应是，接受帕特丽夏和彼得相信这块石头是金子都是得到辩护的。这里的想法是，是什么导致了一个表象并不重要，重要的是某人有这个表象。也就是说，一种充实这种回应的方式所产生的结果是，即使他们每个人的表象都提供了辩护，但只有帕特丽夏相信这块石头是金子最终得到了证成。该回应方式认为，虽然彼得的表象

第三部分 辩护

提供了辩护，但是他的辩护被他知道的其他事情挫败了。例如，彼得知道他不是一个专家，他不能仅仅通过肉眼看，来判断某个东西是金子而不是黄铁矿。由于这些未被挫败的挫败者的存在，所以这种回应坚持认为，彼得的表象提供的辩护确实被挫败了。因此，帕特丽夏得到证成地相信这块石头是金子，而彼得的相信则没有得到辩护，但这对现象保守主义来说不构成问题。

另一种回应认为，虽然帕特丽夏和彼得相信这块石头是金子都得到了辩护，但是只有帕特丽夏这样做是得到保证的。回顾一下"认知辩护"一章的内容，保证被规定为将真信念转化为知识的属性。换句话说，保证既包括辩护，也包括解决盖梯尔难题所需的任何东西。这个回答的思路是，尽管帕特丽夏和彼得相信这块石头是金子都得到了辩护，但是只有帕特丽夏会知道它是金子（假设这块石头是金子为真）。其原因是，鉴于导致彼得的表象的方式，如果他设法相信这块石头是金子这一真相，这将会是一个运气问题（类似于盖梯尔难题的案例）：与帕特丽夏不同，他关于这块石头是金子的表象并不是由正常运作的检测金子的认知能力产生的，而是他一厢情愿的想法。因而，即使彼得是对的，他也不可能根据他的表象知道这块石头是金子。因此，彼得的信念缺乏保证。

也有对此类案例的回应得出这样的结果：帕特丽夏（而不是彼得）有对现象保守主义不友好的辩护。这个回应是由可靠主义提供的。可靠主义者可以坚持认为，使帕特丽夏（而不是彼得）得到证成的原因是，在区分金子和其他东西方面，只有帕特丽夏是可靠的。另一种回应则认为，与现象保守主义相反，一个表象是否由正确的方式导致，决定了这

153

个表象是否能够提供辩护。这种回应导致了彼得的表象的认知过程是不理性的,因为它仅仅是一厢情愿的想法。这种回应认为,非理性的过程只能产生无法提供辩护的表象。

32

对融贯主义的隔离/输入反驳：场外四分卫

背景

正如我们在前面的"辩护的本质"中所看到的，融贯主义认为，辩护的结构是网状的。根据融贯主义，一个信念是否得到证成取决于它与一个人拥有的其他信念的契合程度。换句话说，融贯主义（至少在其纯粹意义上）认为，一个人的信念之间的融贯性对于这些信念的证成是必要且充分的。

【关键词】 融贯主义；隔离/输入反驳

大卫是职业橄榄球的忠实球迷。特别要提到的是，他是绿湾包装工队的粉丝（"奶酪头"是该队粉丝的昵称）。一个夏日的午后，大卫心想现在是足球赛季，所以决定去看一场比赛。他选择了最喜欢的一场比赛，因为那里有他最喜欢的四分卫——布雷特·法夫尔。奇怪的是，在观看比赛时，他被一束难以察觉的宇宙辐射击中了。不像漫画书中发生的那样，大卫并没有从这次辐射中获得任何超能力，只有一件奇怪的事情除外——坐在扶手椅上观看比赛时，大卫突然拥有了与在打比赛的布雷特·法夫尔一样的信念。大卫相信自己身高超过六英尺（尽管他不是），他的名字是布雷特·法夫尔，他目前正在踢足球，这是第三次进攻，后卫看起来要突击，等等。大卫拥有与在打比赛的法夫尔完全相同的信念，而且在辐射击中他之后，他已经没有任何自己的信念了。尽管如此，大卫的感觉器官并没有受到任何负面的影响。因此，大卫仍然有诸如看电视、坐在椅子上这样的感知体验。

在这种情况下，大卫的信念和他对周遭世界的经验之间存在着可怕的脱节。尽管如此，大卫的信念是融贯的。毕竟，在实际踢足球时，法夫尔的信念是融贯的，而大卫与法夫尔有着相同的信念。融贯主义认为，一个人的信念之间的融贯性对于这些信念的证成是必要的，也是充分的。因此，既然直觉上法夫尔的信念在他踢足球时是得到证成的，那么这些信念一定是融贯的。但是如果这些信念在当时是融贯的，那么现在大卫拥有这些信念，似乎也是融贯的。毕竟，它们是完全相同的信念！但是很明显，大卫相信的法夫尔所相信的事情没有得到证成。大卫没有在踢足球，他正坐在扶手椅上。更重要的是，大卫甚至没有被某些怀疑论情境所欺骗，他仍然拥有他坐在椅子上看电视时通常会有的全部体验。大卫的信念与他的经验完全脱节。然而，这些信念是彼此融贯的，所以融贯主义可以得出这样的结论：虽然大卫的信念与他的经验有明显的冲突，但是他的信念仍然是得到证成的。

回应

早期纯粹的融贯主义对这一问题的回应是，通过进一步增加融贯性所需的信念来寻找出路。这种回应的总体思路是，为了使自己的一套信念真正融贯，一个人必须相信自己的某些信念是自发形成的，并且是可

第三部分 辩护

靠的。这应当是为了确保经验在辩护中的作用，因为由经验引起的信念是自发的，并且人们会相信这种信念是可靠的。但即使是这种回应的最初支持者劳伦斯·本儒，后来也放弃了它，因为它并没有真正解决这个问题。即便这种信念确实是融贯性所必需的，也是辩护所必需的，法夫尔拥有这些信念也是合理的。毕竟，法夫尔是一个正常人，他是以正常人的方式形成的信念。因此，大卫也有同样的必需的信念，因为他有与法夫尔相同的全部信念。因此，不清楚这个额外的要求如何能真正阻挡融贯主义的这个问题。

另一种纯粹的融贯主义的回应涉及论证，这里设想的情况实际上是不可能存在的，这种不可能性并不是因为宇宙辐射在某种程度上不可能导致某人产生这样的信念——这在我们的宇宙中也许是不可能的，但在对哲学很重要的更广泛的意义上并非不可能；相反，根据这种回应，这种情况不可能的原因是，知觉状态本身涉及（或者至少包含）信念。这里的观点是，当大卫有坐在扶手椅上看电视的经验时，这些经验本身部分是由信念构成的（或者包含信念）。因此，该回应认为，大卫不可能既拥有与法夫尔完全相同的信念，又拥有坐在自己椅子上的经验。如果大卫有坐在家里椅子上的经验，那么这些经验就会带来信念。因此，大卫可以拥有法夫尔的信念加上构成他坐在家里的经验的（或由其所蕴含的）信念，但是在这种情况下，他无法只有法夫尔的信念。如果这种对知觉经验的观点是正确的，那么大卫根本就不会真正拥有具有融贯性的信念。所以，融贯主义就不会致力于维护大卫的信念是得到证成的这一反直觉的结论。

对这个问题还有另外一种回应，这在支持融贯主义的当代理论家中比较常见。这种回应放弃了纯粹的融贯主义（其中唯一需要保持融贯关系的对象是信念），而是采纳了一种要求某人的信念和经验内容之间保持融贯性的观点。在这个版本的融贯主义中，大卫的信念不算是融贯的，因为尽管这些信念是彼此融贯的，但它们与他的经验内容并不融贯。并且，由于信念和经验内容都属于这个网，所以大卫的信念之网不能满足辩护的要求。

第四部分

社会知识论

我们需要社会知识论

知识论在其大部分历史中，一直都专注于个体。知识论者一直专注于确定某人拥有知识需要什么，某人是否能够充分应对怀疑论的威胁，等等。虽然回答与个体知识有关的知识论问题非常重要，但是近年来，许多知识论者已经将注意力转向了社会知识论。社会知识论不局限于关注个体行为者及其心智状态，也将目光投向群体，关注群体成员之间如何共享知识，甚至是群体本身如何拥有（或者缺乏）知识或者辩护这样的问题。更具体地说，社会知识论关注的是与证言、分歧、界定谁是某一话题的专家，以及有关群体的相关知识论议题。

在第一次考虑社会知识论的观念时，我们必须注意到一个容易犯的错误。有些人可能认为根本不需要社会知识论，他们认为，一旦我们解决了与个体相关的知识论问题，就没有额外的工作要做了。这一思路的要旨是，一旦我们理解了个体是如何获得知识或者辩护的，我们所要做的就是将这种理解应用于相关群体的所有成员。尽管这一思路乍看是合理的，但仔细思考我们会发现它是错误的。原因有很多，我们将在此强调其中的两个方面。一方面，个体通过证言从他人那里获得了大量（也许是大部分）知识。因此，脱离社会知识论的证言问题，我们无法真正理解个体的知识。另一方面，群体的各种认知状态的知识论地位，在重要方面可能与构成这些群体的个体所具有的相应状态的知识论地位不同。因此，我们不能仅仅通过解决个体知识论中的问题来解决社会知识论的问题。接下来让我们一起来看看，社会知识论文献中出现的一些关键问题和思想实验。

33

证言传递观（必要性）：不相信的教师

背景

证言是知识和得到证成的信念的重要来源。毫不夸张地说，我们所知道的大部分事情都是根据证言而知道的。例如，你知道你的出生日期。你是怎么知道的？你不记得自己是什么时候出生的。你无法仅通过推理，从先验原则中推断出你的出生日期。你之所以知道你的出生日期是因为证言。人们已经告诉你，你出生于何时。如果你没有去过中国，那你怎么知道中国的存在？还是因为证言。如果你知道从你家到学校有多远，很有可能你没有自己测量过这段距离，而是通过证言知道的这一点。也许你用了手机上的应用程序，或者用谷歌搜索了这段距离。每当你从阅读或者别人的告知当中学到一些东西时，你都是在通过证言获得知识。因此，我们的很多知识（当然，还有我们的得到证成的信念）都是通过证言的方式获得的。

我们什么时候可以通过证言获得知识或得到证成的信念？对这个问题的一个著名的回答是，只有当某人知道或证成地相信他告诉我们的事情时，我们才能从他的证言中获得知识或者得到证成的信念。这种所谓的证言"传递"观背后的想法是，为了让你在某人告诉你 p 的基础上知道（或者证成地相信）p，那个人必须自己知道（或者证成地相信）p。大意就是，某人不能给你他们没有的东西。一个非常有助于理解证言传递观的类比是，它就像一排人传递一个水桶。在过去，当发生火灾时，人们会组成一支水桶队来灭火。也就是，一个人在水源处装满一桶水，然后把水传给下一个人，下一个人再把水传给下一个人，以此类推，直到水传到站在火边的人那里，这个人把水倒进火里。如果你站在火边，旁边的人递给你一个空桶，你就没有水可以浇到火上了。证言也是这样的。如果告诉你 p 的人没有关于 p 的知识或者证成的信念，那么他们就是在向你传递一个空桶。你不可能根据他们的证言知道或者证成地相信 p。

【关键词】 证言；传递；断言的规范

让我们通过考虑教师弗莱特先生的案例，来探讨一下对证言传递观的挑战。弗莱特先生不仅是一名教师，还是地平论协会的活跃成员（这个协会的人相信地球是平的）。弗莱特先生的任务是向他的学生讲授关于"地球是球形的"知识。在他看来更糟糕的是，他被严格禁止在这个问题上有"教学争议"。弗莱特先生是一位特别勤奋的老师，他非常了解地球的实际形状以及它的周长。他知道如果你沿着一条直线走足够长的时间，最终会回到你出发的地方。此外，弗莱特先生非常重视自己作为一名教师的职责。所以，尽管这有悖于他自己的信念，但他还是告诉他的学生关于"地球是球形的"这一事实，而且他从未透露过他对此有任何怀疑。由于弗莱特先生的证言，他的学生们开始相信关于地球形状的事实。他们完全不知道弗莱特先生是一个地平论者，也不知道弗莱特先生并不相信自己教给他们的任何事实。

在这类案例中，特定的主题并不那么重要。重要的是，弗莱特先生的学生似乎是根据他的证言知道/证成地相信关于地球形状的事实的。然而，弗莱特先生既不知道也没有证成地相信自己告诉他们的事实，他根本就不相信这些事实！像这样的案例表明，证言知识可以由那些并不真正掌握相关知识的人生成。如果这是对的，那么对于证言传递观来说，这是一个严重的问题。这正是詹妮弗·拉基和彼得·格雷厄姆在他们对此类案例的开创性讨论中所主张的。拉基还认为，这类案例给所谓的"断言的知识规范"带来了一个问题。该观点认为，当且仅当你知道某个主张为真时，断言该主张才是合宜的。因此，根据断言的知识规范，我们可以合理地批评某人，因为他们断言自己不知道为真的事情。拉基认为，尽管弗莱特先生缺乏对这些事实的知识，但他对地球形状的断言并没有错。毕竟，弗莱特先生向他的学生们教授关于地球形状的事实，我们似乎无法合理地批评他。

回应

正如一些证言传递观的拥护者所做的那样，对这类案例的一种可能的回应认为，弗莱特先生的学生们根据他的证言来知道地球的形状，这其实并不直观，学生在这类案例中的信念类似于人们在假谷仓情境中形成的信念。如果这是正确的，将意味着学生的信念并不是真正的知识。然而，诉诸假谷仓并不足以表明，弗莱特先生的学生根据他的证言未能拥有得到证成的信念。因此，如果传递观的支持者想在涉及辩护时捍卫他们的观点，那么还需要做更多的工作。

另一些证言传递观的支持者采取了不同的回应策略，他们认为弗莱特先生的学生确实从他的证言中获得了知识，但这是因为，在这个案例中确实发生了知识的传递。虽然弗莱特先生自己没有知识，但他通过更早的证言，与其他有知识的人联系在了一起。当涉及他的学生时，弗莱特先生本质上是他的学生和那些确实拥有地球形状知识的人之间的联结纽带。然而，有人认为，弗莱特先生的案例可以稍作修改，这样看起来学生还是拥有了知识，但弗莱特先生是证言链的第一环。这会出现在如下情形中：弗莱特先生自己发现了"地球是球形的"这一观点的有力证据，并且把这些证据教给了他的学生。

证言传递观的支持者对这类案例还有一种回应是，证言传递观应当关注命题的辩护，而不是知识或者证成的信念。也就是说，在类似上述的情况下，弗莱特先生不是在传递知识或者得到证成的信念（因为他两者都没有），而是在传递命题的辩护。他在分享他自己拥有的、接受地球是球形的这一观点的充分理由。这种回应采纳了那些用这类案例来反对证言传递观的人的主要观点，然后用这些观点来完善这个理论，而不是放弃它。

34

证言传递观（充分性）：一个阴谋

背景

在上一篇文章中，我们讨论了证言传递观：只有当我们知道或者证成地相信别人告诉我们的事情时，我们才能从他们的证言中获得知识或者得到证成的信念。也就是说，为了让知识或者证成的信念从一个人传递给另一个人，证言者必须拥有知识/得到证成的信念。证言传递观还有一种观点认为，拥有一种特定的认知足以将该认知传递给他人。换句话说，如果一个证言者确实知道/证成地相信 p，那么这就足以使得依据证言者的证言相信 p 的人，也会因此而知道/证成地相信 p。就之前所说水桶队的比喻而言，只要证言者的桶里有水，就能让在排队的下一个人接到一桶水。

【关键词】 证言；传递

一位总统候选人在发表了激动人心的竞选演讲后，在被护送上车的途中晕倒了。医护人员赶到并宣布她有严重的心脏病，然后赶紧把她送往医院。当医护人员把这个消息告诉候选人的竞选经理时，当地一家新闻机构的一名记者恰好在医护人员的身边。很遗憾，记者并没有录下这段对话，但他确实立刻掏出手机给编辑打了电话，告诉了她这个独家新闻。于是，《小镇新闻》开始制作这个报道，将其发布到他们的网站上，刊登到他们的报纸上。与此同时，思维敏捷的竞选经理即刻在社交媒体上宣布，候选人健康状况良好，正从竞选活动之余抽出一点时间来休假。他甚至贴出了候选人和她的家人在海滩上的照片，这些照片是他之前保存在手机上的，以便在发生这种紧急情况时使用。随后，这名候选人所在的政党投入了大量的精力和资源，防止任何主流媒体掌握真实的情况。尽管候选人很可能迅速恢复健康，但毕竟，对候选人健康状况的担忧可能会导致总统竞选失败。因此，他们没有告知主流媒体候选人心脏病发作的实情，而是告知他们候选人正在度假。

报道出来的时候，丽兹恰好住在一家酒店里。她去吃早餐的时候，从酒店工作人员摆好的报纸中取了一份。她碰巧拿起的是最新一期《小镇新闻》，而不是某份全国性的报纸。丽兹一边吃早餐一边看报纸，当她读到关于候选人的事件时，她证成地相信候选人患了严重的心脏病。当然，这个信念是真的。根据《小镇新闻》提供的证言，丽兹有了一个得到证成的真信念。但一些人坚持认为，丽兹得到证成的真信念并不等于知识，因为她本可以很容易地相信候选人正在度假的报道。毕竟，其他每家报纸都刊登了候选人在度假的报道，而且电视和网络上也都是这个报道。如果这是对的，那么证言传递观就有问题，因为在《小镇新闻》的工作者确实知道候选人患有心脏病，并且他们通过报纸上的文章向丽兹提供了这个证言，但丽兹在形成信念后却不知道这一点。因此，这个案例表明，证言者的知识不足以将知识传递给另一个人。

回应

一种回应认为，丽兹的确拥有知识。这里的思路大致是，这类案例类似于假谷仓的案例，涉及否认假谷仓案例真正威胁到了知识。我们在讨论假谷仓案例时，有许多知识论者否认这种直觉，即许多假谷仓的存在削弱了一个人知道自己正在看的真谷仓是谷仓的能力。此外，实证研究表明，非哲学家们也倾向否认这种直觉。在此，这种回应也提出了类似的主张，即坚持认为丽兹不知道的直觉只是假谷仓直觉的一个版本，并且该回应否认了这种直觉。简单地说，这种回应认为，在丽兹所处的环境中，误导性新闻报道的存在并没有削弱她的知识。

不过，有一些方法可以修改这个案例，来试图削弱认为丽兹拥有知识的回应的合理性。这些修改试图让丽兹在对候选人状况的看法上更有可能出错。如果任何这样的修改都成功地表明，在没有知识的情况下，丽兹有一个得到证成的真信念，那么知识足以传递知识的想法就被削弱了。

35

认知不公正（证言不公正）：他不可能知道

背景

很明显，有很多方式可能会让某人遭受伤害或者不公正的对待。我们通常将不公正的待遇视为纯粹的道德问题。然而，许多知识论者认为，一个人可能会以各种方式遭受认知上的不公正。大体而言，这种观点认为，一个人可能会因其作为认知主体的身份而受到不公正对待，例如，他们可能未被当作可靠的信息来源，或者被剥夺获取知识资源的机会，等等。

【关键词】 知识论问题：认知不公正；证言不公正

马丁是一位才华横溢、成就斐然的科学家，目前他正与其他几位科学家一起参与一个联合项目。马丁是一个非洲裔美国人。该项目的金融投资者乔治参观了马丁及其该团队成员正在进行研究的实验室。乔治要求解释一下项目的进展情况，以及多久能产出具体的成果。马丁详细透彻地回答了乔治的问题。马丁讲完后，乔治点了点头，然后马上问了马丁的一个白人同事同样的问题。当马丁的白人同事告诉乔治马丁已经说过的同样的事情时，乔治对回答很满意。乔治之所以问另一位同事，并不是因为他本来就打算问两位团队成员，而是因为他是个种族主义者，他认为马丁作为一名非裔美国人，不可能知道这些问题的答案。

显然，这种情况存在很多问题。最明显的一点是，乔治应当受到道德上的批评，因为他是一个种族主义者。同样明显的是，马丁因为乔治的行为而受到了伤害。仅仅因为马丁是非裔美国人，乔治便无视马丁告诉他的话。每个人都会赞同在这种情况下发生了道德错误。然而，在当代知识论文献中，知识论者注意到，这种情况涉及一个特定的认知因素。除其他方式以外，作为一个认知主体，马丁受到了伤害。由于种族偏见，马丁进行证言交流的能力受到了阻碍。

在对认知不公正的开创性讨论中，米兰达·弗里克认为，诸如本案例中的种族偏见等各种偏见，导致了所谓的"可信度不足"。在这个案例中，马丁存在可信度不足，因为他被当成了一个可信度远不如真实的他的证言者，这种不恰当的可信度不足导致了一种不公正，尤其是认知上的证言不公正。尽管大多数人都同意弗里克的观点，即存在认知不公正，且可信度不足是其中的一种，但是弗里克之后的许多文献都聚焦于发现认知不公正的其他来源。

回应

对这类案例的一种回应认为，导致这种证言不公正的不仅有可信度不足，而且还有可信度过剩。在特定背景下，可信度不是某人孤立地拥有的东西；相反，某人在特定背景下的可信度取决于此人与他人的比较。因此，马丁被错误地认为可信度不足的部分原因就在于，乔治给马丁的同事提供了过剩的可信度。有学者认为，可以通过大规模的结构性变革来补救上述案例所描述的情况。这种观点认为，为了纠正导致这种认知不公正的偏见，在涉及信息共享时，有必要改变各个机构的运作方式。

对这类案例的考量产生了另一种观点，即有学者认识到，可能存在不同种类的证言不公正。第一种是先前的回应所讨论的那种，我们可以称之为"证言消音"。马丁因为乔治没有把他视作拥有知识的人，所以不接受他的证言。如果马丁意识到乔治不愿意承认他的知识水平，他就会改变自己所说的话，把它限制在乔治鉴于马丁是说话者而有可能相信的事情上。那么另一种证言不公正就会发生。这种证言不公正被称为证言抑制。在这种情况下，像马丁这样的说话者，迫于压力要限制自己的证言，否则他们就会被忽视。

36

认知不公正（诠释不公正）：什么是骚扰

背景

我们在上一篇文章中讨论了，作为认知主体，一个人没有得到适当的对待会受到怎样的伤害。不过，似乎还有其他方式可以使人遭受认知不公正。其中一种方式是，当事人处于这样一种境况：他无法使用必要的工具来表达其处境的错误性。换言之，如果一个人不知道如何表达伤害，那么他就会在认知层面受到伤害。

【关键词】 认知不公正；诠释不公正

故事发生在1950年，帕姆在当地一家造纸公司的办公室工作。工作时，帕姆无意间听到了一些对她身材的下流的评论。她注意到，在她努力工作时，她的某些同事会盯着她看。有些人甚至当着她的面，对她说了一些不合适的话。而且，她不止一次不得不抵御同事试图在不适当的位置"拍"或"捏"她的身体的企图。帕姆觉得，她的同事们的这些行为不仅粗鲁无礼，而且完全错误；它们并不像他们中的一些人告诉她的那样，只是为了"好玩"。虽然她不想被贴上难以共事的标签，但她知道所发生的事情是不对的。然而，帕姆不知道如何用语言来表达她所处环境存在的问题。

遗憾的是，帕姆的情况在过去并不少见，时至今日依然存在。与上一篇文章一样，这个案例中也发生了道德错误，知识论文献中最近也出现了认知错误的观点。由于故事发生在 1950 年，帕姆还没有听说过工作场所骚扰或一般的性骚扰，因此，她没有必要的概念用来完全理解和表达自己的处境，以及其中存在的问题。她没有性骚扰的概念，因为它还不是一个被广泛使用或者理解的概念。帕姆无法向他人表达自己的处境，甚至无法完全理解自己的处境，这就是一种认知不公正。在这种情况下，帕姆正在经历一种被知识论者称为"诠释不公正"的认知不公正。

回应

随着"诠释不公正"这一概念在认识领域的出现，许多新的见解开始涌现。其中一种观点认为，诠释不公正可能引发（至少）两种重要的无知类型。我们通过思考帕姆的案例，已经讨论过第一种类型的无知，即被边缘化的人既无法理解自己的处境，也无法向他人表达自己的处境。第二种类型的无知，是其他社会群体的人可能对情况一无所知，因为那些被边缘化的群体没有能力表达问题。例如，帕姆的同事吉姆是占主导地位的男性社会群体的一员，他不会骚扰帕姆，而且如果他知道有问题的话，他也会试图帮助帕姆。然而，由于帕姆缺乏表达自身经历的概念框架，其他人也难以察觉到问题所在，吉姆并不知道帕姆因工作中的遭遇而备受煎熬。

另一种观点认为，即使一个被边缘化的群体确实拥有表达其经验所需的概念和诠释工具，诠释不公正也可能仍然存在。占主导地位的社会群体可以通过不接受边缘群体为表达他们的经历而开发的概念资源，来延续诠释上的不公正。例如，想象一下，帕姆想出了一个如何表达她正在经历的事情的概念，她把这种经历称为"性骚扰"。她的同事可以通过拒绝接受这个概念来延续诠释不公正。如果他们告诉她没有这回事，或者他们不知道她在说什么，除了无视她试图告诉他们的、显然是错误的行为之外，他们还无法理解她为分享她的经历而开发的资源。

相应地，有人认为存在另外一种诠释不公正，即"认知剥削"。这种观点认为，占主导地位的群体在理解被压迫群体的处境时，可能会错误地推卸责任。也就是说，这种情况下的认知剥削发生在被压迫群体被要求向占主导地位的群体解释他们所遭受的困境，而不是主导群体主动承担起了解其他群体所受压迫的责任。

37

道德入侵：预期很少的小费

背景

证据主义认为，辩护严格说来是一个人在特定时间内拥有的证据的问题。在传统的"纯粹"形式中，证据主义认为，如果两个人拥有相同的证据，那么他们的辩护是相同的，无论他们在其他方面存在什么差异。然而，一些观点（如语境主义和实用侵入）否认了这一点，不过这并不意味着这些观点完全是反证据主义的。实际上，这些观点可能是以弱证据主义的方式构建的。例如，一个人可能是语境主义者，但他仍然坚持认为证据就是提供辩护的东西。换句话说，证据是辩护的依据，但是否将知识或得到辩护的信念归因于某人，既取决于此人所拥有的证据，也取决于归因者所处的具体语境。同样，一个人可能接受实用侵入，同时也接受只有证据才能提供辩护。也就是说，证据是唯一能提供辩护的东西，但一个人的实用主义关切会影响获得知识或使信念得到辩护所需的证据数量。有趣的是，这两种"不纯粹"版本的证据主义都认为，个人的利害关系（无论是信念者还是知识/辩护的归因者）才是关键。然而，有些人认为，其他人的利害关系也会影响一个信念是否得到辩护。

【关键词】 道德入侵

凯伦在当地一家餐馆当服务员已经有几年了。在这段时间里，她形成了这样一种印象：来自某个特定少数群体的人往往不太会给小费，平均而言，他们给的小费比其他群体的人给的要少得多。凯伦决定研究一下，看看是否有证据证明她的这种看法，还是她只是形成了一个错误的印象。在努力搜索网络资料并查阅相关可靠的研究报告后，凯伦发现确实存在有力的证据可以表明，来自这一特定少数群体的人比来自其他群体的人给的小费平均更少。根据这项研究，该群体给的小费低于平均水平的概率约为 80%~95%。

研究结束后的某一天，凯伦在餐厅工作。她注意到一位独自吃午餐的顾客被分配给了另一名服务员。这位顾客属于凯伦研究过的特定少数群体中的一员。凯伦认为他不会给多少小费。事实证明，凯伦是正确的，这个人给的小费低于该餐厅的平均水平。

很多人认为，凯伦的信念虽然有充分的证据支持，但在道德上是错误的。还有一些人认为，这不仅仅是一个道德问题，凯伦的信念在知识论上根本证不成，因为信念的道德含义与辩护所需的内容是有区别的。就本例而言，凯伦似乎有充分的证据认为该顾客不会留下可观的小费（统计数据表明，他不会留下可观的小费的可能性是 80%~95%）。然而有人认为，即便有这么充分的证据，凯伦的信念也证不成。（假设在一般情况下，这个证据足以让人相信，即假设 p 的 80%~95% 的概率通常足以让人证成地相信 p）。这个案例就是证据主义的一个反例。但是，如果凯伦的信念在她有充分证据的情况下仍然证不成，那么证据主义就错了。与实用侵入类似，道德入侵认为，某人的信念的道德含义会影响到一个信念需要多少证据才能得到证成。因此，道德入侵主义认为，如果凯伦的证据涉及没有道德含义的东西，那么她的证据将足以证成她的信念，但由于这种信念对顾客所属的群体有害，所以需要更多的证据来进行辩护。一些人认为，这类案例以及支持实用侵入的论证同样支持道德入侵（当然，其他人认为，反对实用侵入的论证同样反对道德入侵）。

回应

许多接受道德入侵的人认为，虽然道德考量会影响一个人是否应当直接相信 p，但并不影响 p 在理性上的可信度。说白了，许多道德入侵的支持者认为，凯伦认为顾客留下很少小费的可能性是 80% ~ 95%，这是理性的，但她相信顾客会留下很少的小费，这一点是得不到证成的。因此，她的信念的道德含义会影响到这种可信度是否高到足以完全证成这个人会留下很少的小费的信念，但是道德关切并不影响一个人应当有怎样的可信度。有些人认为，如果道德入侵的论证在完全相信的情况下有效，那么在涉及理性可信度时也应当有效。换句话说，如果凯伦在这个案例中不应当相信，她也不应当获得通常由她拥有的证据所支持的那么高的可信度。

正如我们一直在讨论的，对这类案例的一种回应是接受道德入侵。换言之，由于该信念的道德重要性，接受凯伦的信念（或许还有她的可信度）是证不成的。不过，对于凯伦的信念究竟存在什么问题，那些接受道德入侵的人意见不一。一些人认为，虽然像她所掌握的统计信息在某些情况下是充分的证据，但当它是人口统计学的证据时，比如当我们考虑的是整个群体时，它就无法得到证成。另一些人则认为，她不形成这种信念的道德理由本身就为她的信念提供了否定因素。但是也有人认为，将道德上的信念弄错所涉及的风险，使它需要更多的证据来进行辩护。无论如何，所有这些为道德入侵辩护的方式，都会导致证据主义出错，因为道德关切会影响什么才能得到证成。

对这些案例的另一种回应认为，虽然凯伦有道德义务像对待其他人一样对待这个人，但是道德事实根本不影响她在认知上得到证成。这里的想法是，认为凯伦的信念存在问题的直觉，实际上是在关注她应当如何对待这个人的事实，而不是她应当相信什么的事实。当然，这种回应是为证据主义做辩护的，因为在关于"凯伦应当相信什么是正确的"的问题上，它与证据主义的回应是一致的。

另一种不同的回应试图得到这样的结果，即凯伦不应当如此这般相信，而在这个过程中证据主义也不会受到质疑。提出这种回应的人认为，在这种情况下，凯伦有其他的证据使她的信念证不成。她可能有关于这个人的穿着的证据，例如穿着一套昂贵的西装，这将抵消她所拥有的统计证据。或者，有人会说，凯伦的信念虽然得到了证成，但是可能很容易变得证不成，因为统计证据是不可靠的，也就是说，它很容易被其他证据所破坏。因此，他们认为，正是她的信念的这一特征导致我们错误地认为，它在我们所描述的案例中是证不成的。

38

分歧（支持同等权重）：分摊账单

背景

在大多数思想领域，我们都会面临分歧。正如我们一再看到的那样，对于我们应当思考什么，我们应当如何回应，以及本书中的几乎每一个思想实验、谜题和悖论，都存在分歧。在政治、宗教、哲学以及凡是你说得出的问题上，人们都存在分歧。最近，分歧知识论已经成为一个重要议题。这些文献的核心关注点是，分歧如何影响我们在认知上得到证成的东西。这里的焦点是真正的分歧，也就是说，双方不是简单的沟通不畅，而是他们在谈论同一件事，但观点不同。最简单的一种分歧是，一个人相信 p，而另一个人相信非 p，比如一个人相信上帝存在，而另一个人相信上帝不存在。此外，知识论者认为，重要的不仅仅是存在分歧这一事实。毕竟，有人可能不同意 S 对 p 的观点，但 S 对有人不同意可能完全不知情。所以，问题应当围绕着承认的分歧，即某人知道其他人不同意的情况。也就是说，知识论者感兴趣的是，S 相信 p，并且 S 知道其他人不相信 p（要么他们不相信 p，要么他们悬置判断，既不相信也不怀疑 p）。在这种情况下，人们应当相信什么？当然，某些类型的分歧，认知上的恰当回应很容易辨别。例如，大多数人都同意，如果你发现自己在一个你不是专家的话题上与专家有分歧，那么你应当接受专家所说的，并且放弃你的立场。所以，如果你去看医生（并且你自己也不是医学专家），医生告诉你你没有感冒，那么即使你去看医生时认为自己感冒了，你也应当相信医生告诉你的：你没有感冒。同样，如果你发现自己与一个明显不如你知道得多的人有分歧，你就应当坚持自己的观点。例如，如果一个年幼的孩子告诉你，月亮是奶酪做的，那么你不应当突然改变你对月亮的构成的看法！在涉及你的信念时，你应当干脆无视与孩子的分歧。这些分歧很容易裁定，但是其他的分歧就没那么容易了。当你发现自己与一个在认知水平上相当的同辈有分歧时，你应当怎么做？也就是说，当你得知一个认知同辈（在 p 这件事情上，你证成地相信他和你一样都有可能是正确的）不同意你对 p 的看法时，这对你相信 p 的辩护有什么影响？

【关键词】 分歧

阿萨和佩德罗与一大群人一起出去吃饭。饭后，他们决定各自计算每人该平摊的费用。阿萨和佩德罗都证成地相信，他们在数学方面一样好。他们都看了账单，并将总数四舍五入到相同的整数上。他们也都同意小费应该是20%。几分钟后，阿萨得出结论，每人付20美元。佩德罗得出结论，每人要付22美元。他们疑惑不解，再次检查自己是不是以相同的账单总额开始算的；他们确实是这样做的。他们检查了一下，确认双方都同意小费应该是20%。而且，他们每个人都向对方保证，他们认为每人付多少钱不是开玩笑的，阿萨真的认为每人应付20美元，佩德罗真的认为每人应付22美元。于是，他们各自都发现，他们的朋友，即他们认为在这件事情上是他们的认知同辈的朋友（毕竟他们各自的数学都一样好）不同意他们的观点。显然，有人犯了一个错误，但这个人是谁呢？

谈到分歧知识论，关键问题是，当阿萨和佩德罗意识到他们在"每人应付金额"上的判断出现分歧时，他们应当如何处理各自的信念？当然，每个人都可以同意，他们应当重新计算（或许这次是用计算器），以弄清楚每人实际要付的金额。但在完成那些新的计算之前，他们的信念是什么呢？分歧知识论的问题在于：在第一次得知分歧时，阿萨或佩德罗（或两者）是否应当改变他们的信念，换句话说，仅仅因为得知认知同辈与自己意见相左，他们是否就失去了（或者因为没有人持这种观点而获得了）对原先信念的辩护？

回应

在分歧知识论的文献中，有许多立场得到了捍卫。其中有一种立场，即所谓的同等权重论，正是为了回应这种情况而提出的。根据同等权重论，你应当给予你的认知同辈的想法和你自己的想法同等的权重。特别是，同等权重论认为，得知一个认知同辈意见相左，给了阿萨充分的理由认为自己是错误的，这与她基于自己对账单的评估而认为自己没有错误的理由是对等的。佩德罗也是如此。同等权重论认为，除非阿萨（或佩德罗）有一些独立的证据证明是她的同辈出了错误（这些证据与佩德罗对账单持不同意见的事实无关），否则她持有的每人应付 20 美元的信念是失败的。在这种情况下，根据同等权重论，阿萨和佩德罗应当放弃他们的信念，因为他们在认知上已经不再得到辩护。他们现在不应当相信，而是应当悬置每人应付多少钱的判断，直到他们得到新的证据

（比如在他们重新计算时就会得到的证据）。

另一种关于分歧的立场是所谓的坚持己见论。顾名思义，这种观点认为，面对同辈分歧，你应当坚定自己的信念。这种关于分歧的立场，往往是出于对同等权重论的批评。否认同等权重论的一个理由是，一个人拥有的证据有其特殊之处。例如，阿萨认为每人应支付 20 美元的证据，对她来说比她从得知佩德罗不同意她的观点中获得的证据更有说服力。其原因是，阿萨可以直接获得她的证据，却无法直接获得佩德罗提供给她的证据。

还有人以自我信任的合理性为由来反对同等权重论。他们认为，对自己的推理和认知能力的信任对理性来说是至关重要的。他们坚持认为，相信自己就等于当发现自己与认知同辈意见相左时，仍然坚定自己的信念。因此，阿萨和佩德罗应当坚定不移地坚持自己的信念，因为他们是在理性地相信自己。

反对同等权重论的另一个理由与所谓的唯一性论题有关。唯一性论题认为，给定一组证据 E，对于 p 只存在一个唯一得到证成的立场。换句话说，唯一性论题认为，对于任何拥有 E 的人来说，对 p 的态度也是得到证成的。然而，也有人否认唯一性论题。相反，他们接受宽容主义，即允许同一组证据可以支持对 p 的不同的得到证成的态度。根据宽容主义，至少在某些同辈分歧的情况下，尽管他们意见相左，但双方还是能够理性地继续坚持自己的信念。还有其他观点介于同等权重论和坚持己见论这两种极端情形之间。同等权重论认为，当你发现与同辈的意见相左时，你的辩护就会被否定；坚持己见论认为，通常情况下，发现与同辈的意见相左并不会使你的辩护被否定。

39

分歧（反对同等权重）：糟糕的数学

背景

正如我们在上一章中所看到的，一些关于分歧的案例似乎支持我们对认知同辈的信念给予同等的重视。然而，也有其他案例对这一观点提出了质疑。在这些案例中，当我们与认知同辈意见不一致时，我们更倾向于认为是对方错了，而不是自己。

【关键词】 分歧

我们来重新想象一下，我们在上章中讨论过的餐馆的案例。阿萨和佩德罗又一次出去吃饭，但这次是和一小群人一起。并且，他们会再次计算账单。然而，这一次他们决定首先要弄清楚有多少人需要分摊这笔账单。阿萨说："有我和你，这是两个人。还有吉尔、贾马尔和乔斯，这是三个人。所以，我们要五个人来平分账单。"佩德罗对此持有不同的看法。一开始，阿萨以为他在开玩笑，但佩德罗向她保证没有。阿萨一脸迷惑地说："等等，有你和我，这是两个人。"他回答说："对。"阿萨说："好，还有吉尔、贾马尔和乔斯，这是三个人。"佩德罗回答："没错。""那，我漏掉了谁吗？"阿萨问道。佩德罗向她保证说："没有漏掉人。"阿萨回答说:"好吧,那么就是五个人。"佩德罗说:"错了。"阿萨再次确定他没有开玩笑。阿萨有些恼火地说:"你看,我和你,一共就是两个人。吉尔、贾马尔和乔斯,一共三个人。2+3=5!"对此,佩德罗回答道:"不,不是这样的。"佩德罗注意到了阿萨疑惑不解的表情,解释说2加3不等于5。在确定他们是以同样的方式使用语言后,阿萨意识到佩德罗在"2+3=5"这个问题上确实不同意她的看法。阿萨认为"2+3=5",而佩德罗不这样认为。

这个案例与之前的餐馆案例的不同之处在于,人们对这两类案例的直觉迥然不同。很多人都有这样的直觉:在前面的案例中,阿萨应当认为她犯错的可能性和佩德罗犯错的可能性一样大。正是这种直觉为同等权重论提供了强有力的支持。然而,在这个案例中,事情看起来有所不同。大多数人都有这样的直觉:阿萨认为显然是佩德罗而不是她出了错,佩德罗的回答显然是错误的。这个案例中特别重要的一点是,与同等权重论相反,阿萨之所以认为是佩德罗出了错,而不是她自己,其依据并不是独立于这场分歧本身的。正是因为佩德罗以如此极端的方式提出异议,阿萨才有充分的理由认为是佩德罗出了错。

詹妮弗·拉基提出这类案例,是为了激发一种介于同等权重论与坚持己见论之间的新的观点,即所谓的正当主义观点。根据正当主义观点,在有分歧的情况下,在发现分歧之前,你就证成地相信了有关的命题(比如,阿萨相信2+3=5),你对于证据的获得使你清楚地知道,在你不同意时,是你的朋友(而不是你)出了错。但是请注意,如果这是正确的,那么你就可以利用来自分歧本身的证据来证成地忽略你的同辈的意见。这与同等权重论相反。

183

回应

与正当主义观点类似的观点是所谓的总体证据观点。根据这一立场，在有分歧的情况下，你证成地相信什么，取决于你原有的证据和你在发现分歧的过程中获得的证据。这里的想法是，阿萨最初的证据是如此充分，以致来自分歧的证据并没有使她原有的信念失去辩护。

一些人对正当主义观点和总体证据观点的立场做了回应，他们认为仅仅对分歧的命题有很好的辩护理由，并不会让阿萨认为佩德罗在这种情况下更有可能是错的。论证这一立场的主要方式之一是诉诸以下的情况。你的朋友买了一张数额庞大但公平的彩票。你有非常充分的理由认为你的朋友输掉了彩票，因为中奖的概率非常低。你把号码加起来（我们假设彩票是通过把一个人的号码加起来，并且总和与中奖号码相匹配而中奖的），发现她的彩票号码与中奖号码并不匹配。现在想象一下，你的朋友把这些号码加起来，并说它们是匹配的。在这种情况下，正当主义观点的反对者认为，虽然你有非常充分的理由相信你朋友的号码与中奖号码不匹配，但这并没有给你充分的理由让你认为是她在加号码时出了错。

在关于我们应当如何回应与认知同辈的分歧的各种立场的争论中，还有许多其他的进展，无法在这里一一展开。然而，关于这些争论，有一点值得牢记：我们之所以认为其重要，是因为如果我们对自己诚实，我们就会认识到，在涉及对我们来说最重要的许多事情，诸如宗教、政治、哲学等时，我们都与作为我们的认知同辈的人存在分歧。因此，面对分歧，我们证成地做的事情，影响了很多我们最珍视的信念的合理性。

40

集体信念聚合：少数服从多数

背景

谈论集体采取行动甚至拥有信念是相当常见的。例如，我们会说"这个球队相信他们能赢"，或者"那家公司完全知道如果他们在那里抛售会发生什么"。关于集体和集体行为，有许多有趣的哲学问题。其中很多都是形而上学的问题，如一个集体如何拥有信念？这是因为集体中的每个成员都相信所讨论的命题，还是只有某些成员相信？还有一些知识论的问题。特别有趣的是，集体如何能够是理性的，以及集体理性与个体理性如何相互影响的问题。

【关键词】 判断聚合

泰德是一名哲学教授，他获得了晋升的资格。与学术界的大多数事情一样，决定泰德是否晋升的最好方法是成立一个委员会。院长选择了乔治、克里斯汀娜和肯吉作为委员会成员。院长通知他们，这次晋升有两个标准：科研和教学。如果泰德在这两个领域都表现得十分出色，那么他就会得到晋升。院长还通知他们，在作为委员做出决定时，要遵循少数服从多数的规则。也就是说，如果他们中有两个或两个以上的人投票赞成，那么这就是委员会的立场。为了清楚起见，他们将各自决定（并投票）泰德是否在科研和教学领域表现出色，以及他是否得到晋升。同样很常见的是，乔治、克里斯汀娜和肯吉将采用无记名投票的方式进行表决，院长助理将统计票数以确定委员会的决定。

投票的情况是这样的。乔治认为泰德在科研和教学领域都表现出色，所以他投票赞成泰德晋升。克里斯汀娜认为泰德在科研领域表现出色，但在教学领域却表现不佳，所以她投票反对泰德晋升。肯吉认为泰德在科研领域表现不佳，但在教学领域表现出色，所以他投票反对泰德晋升。把这些都放在表 40–1 中可以让事情更清楚。

表 40–1　　　　　　　　　　投票情况

	乔治	克里斯汀娜	肯吉	委员会
出色的科研	是	是	否	是
出色的教学	是	否	是	是
晋升	是	否	否	否

当考虑委员会的立场时，我们注意到一些奇怪的事情，委员会的决定违反了规则。委员会的立场是，泰德在科研和教学领域都表现出色，但他不应当得到晋升。这是一个非理性的立场。为了更清楚地看到这一点，委员会的想法是，出色的科研和出色的教学意味着泰德应当得到晋升。因此，本质上，委员会在承认导致某一结论的主张的同时，又否定了这一结论，这是不合理的。但请注意，委员会的任何成员都没有非理性地投票。乔治投票认为泰德满足了这两个标准，应当得到晋升，这是理性的。克里斯汀娜和肯吉各自投票认为泰德满足了其中一个标准，但没有满足另一个标准，所以他们都投票认为他不应当得到晋升。同样，他们的投票组合也是理性的。因此，这个案例似乎表明，一个集体中的

个体成员都可以理性地相信/投票；但当遵循看似理性的少数服从多数的规则时，集体的信念/投票最终可能是非理性的。正如以上案例所表达的那样，当我们按照看似理性的规则将理性的个体立场聚合起来时，我们最终可能会得到一个非理性的聚合。

回应

对于这类问题，一个重要的回应是提出了一个不可能性定理。也就是说，研究表明，某些看似合理的判断聚合条件无法同时满足。具体来说，当涉及多个主张且有多个人对其进行评估时，以下条件已被证明无法同时满足：

- 每个成员对集体的立场有平等的发言权；
- 集体对任何特定主张的立场取决于个体成员对该主张的立场；
- 任何一组在逻辑上一致的个体态度都被用于决定集体的立场；
- 将所有的个体立场聚合起来，就会产生一个在逻辑上一致的关于所有主张的集体立场。

考虑到这类集体决策过程的实践的重要性（毕竟，这类问题的开创性论述最初是围绕陪审团在法庭上的审议方式展开的），要找出最好的解决个体理性和集体理性之间张力的方法，无疑是有压力的。由于不可能同时满足这四个条件，各种回应都涉及至少放弃其中一个条件。例如，有些人认为，要求一个集体的每个立场都保持逻辑一致，这太严格了（这相当于放弃了上述第四点）。相反，他们建议，在这些案例中，我们应当认为集体理性需要某些比逻辑一致性更弱的东西。这种观点认为，群体要被视为理性的，并不需要其立场在逻辑上完全一致。相反，群体的立场只需要达到一种融贯性（这里的融贯性标准比逻辑一致性更低）。乍一看，这似乎算不上真正的理性。然而，仔细想想，我们每个人可能都有一些相互矛盾的信念。或许我们并不会同时意识到这些矛盾，但在我们各自庞大的信念体系中，很可能存在一些相互冲突的观点——甚至当我们同时思考它们时，也可能察觉不到其中的矛盾。不管怎样，这种观点认为，尽管我们有一些不一致的信念，但是我们仍然可以被视为理性的。因此，我们也应该用同样的方式看待群体。当然，其他的回应可能会力图保留上述第四点，但放弃导致各种形式的聚合的其他条件。不过，上述第四点似乎是唯一可以在放宽的同时仍然坚持少数服从多数规则的条件。

第五部分

谜题和悖论

EPISTEMOLOGY:
PUZZLES, PARADOXES, AND THOUGHT
EXPERIMENTS

思想实验：关于真知的 50 个谜题、悖论与思考
EPISTEMOLOGY: 50 PUZZLES, PARADOXES, AND THOUGHT EXPERIMENTS

谜题和悖论的一般结构

到目前为止，我们讨论的都是思想实验。正如我们所见，许多思想实验都是为了作为特定理论或观点的反例而设计的。即使那些没有专门设计成反例的思想实验，也旨在激发某种特定的论点或主张。但最后这一部分介绍的谜题和悖论与之不同。本部分的内容不是充满想象力的思想实验，而是对产生谜题和悖论的特征进行更抽象的介绍。本部分与先前部分不同，因为它们的提出通常不是为了激发某种特定的知识论观点；相反，它们本身就提出了需要解决的谜题和悖论。

在继续讨论之前，我们有必要花点时间来解释一下谜题和悖论的一般结构。这两者在某些方面是相似的（这就是为什么它们出现在本书的同一部分），它们都抛给我们一些没有清楚明确的解决方案的问题。在许多情况下，真的很难弄清楚这些谜题与悖论的解决方案是什么。另外，它们至少在一个非常重要的方面是不同的。当我们发现自己正面临着一个意料之外的结果，或者当一件我们认为理所当然的事情受到挑战时，就会出现谜题（这就是为什么外部世界怀疑论的挑战有时被称为谜题）。然而，产生悖论所需要的条件可不止于此。通常情况下，只有当我们意识到两件或者多件看似明显为真的事情彼此矛盾时，才会产生悖论。接下来我们将看到，在大多数情况下，对任意一个悖论的每种回应，都涉及放弃或者大幅修改一个貌似毋庸置疑的真理。

41

新归纳之谜（绿蓝悖论）：祖母绿的颜色

背景

为了更好地理解这个谜题，要先了解一下归纳推理的本质，一个有用的办法是与演绎推理进行对比。演绎推理，即如果它们是有效的，那么真前提蕴含着真结论。因此，如果你从真前提出发进行了一个有效的演绎推理，那么你得出的结论就绝不可能是假的。归纳推理则与之不同。即使它们是非常好的推理，并且它们所有的前提都为真，结论也照样可能是假的。一般来说，归纳推理是指我们从观察到的事情中推断出未观察到的事情，如下所示（括号内是其抽象形式）：

- 乌鸦在各种情境下都被观察到（F 在各种情境下都被观察到）；
- 所有被观察到的乌鸦都是黑色的（所有被观察到的 F 都是 G）；
- 因此，下一只乌鸦将是黑色的（因此，下一个 F 将是 G）。

在这个案例中，我们正在依据之前观察到的乌鸦对下一只乌鸦进行归纳推理。从观察到的案例中得出一般性结论也很常见。

- 乌鸦在各种情境下都被观察到（F 在各种情境下都被观察到）；

- 所有被观察到的乌鸦都是黑色的（所有被观察到的 F 都是 G）；
- 因此，所有乌鸦都是黑色的（因此，所有 F 都是 G）。

尽管这些推理的结论并不见得都为真，但显然它们都是好的推理方法。同样显而易见的是，只要人们有充分的理由接受这些推理的前提，就有充分的理由接受其结论。

【关键词】 新归纳之谜 / 绿蓝悖论

我们来思考一个看似很好的归纳推理的案例。在不同的情况下，我们观察到了大量的祖母绿。我们观察到的所有祖母绿都是绿色的，因此，所有祖母绿都是绿色的。这是一个典型的归纳推理的清晰案例，教科书常常用这个案例来阐释归纳推理。到目前为止，还没有发现任何不妥。

但是，现在我们来思考一个奇怪的谓词——绿蓝。某物是绿蓝色的，当且仅当，它在 2100 年之前被检验并被确证是绿色的，或者它在 2100 年及以后被检验并被确证是蓝色的。我们对祖母绿的所有观察既可以支持它们是绿色的说法，也可以支持它们是绿蓝色的说法（毕竟，我们观察到的所有祖母绿都是绿色的，而且是在 2100 年以前观察到的）。因此，可以说，所有已观察到的祖母绿都是绿蓝色的。如果这是正确的，那么我们似乎可以推断出所有的祖母绿都是绿蓝色的，而不是推断出它们都是绿色的。

我们应当如何理解这个问题呢？有人可能会说，我们应当同时推断出所有祖母绿都是绿色的，以及所有祖母绿都是绿蓝色的。但这将是一个错误。因为"是绿色的"和"是绿蓝色的"非常不同。因此，"所有祖母绿都是绿色的"与"所有祖母绿都是绿蓝色的"这两个命题产生了截然不同的预测。前者预测的是,在2100年以后观察到祖母绿时,它们将是绿色的;但后者预测的是,这些祖母绿将是蓝色的。

绿蓝问题(亦被称为"新归纳之谜",一般来说,"旧归纳之谜"是对归纳推理的合理性的怀疑)的核心在于:是什么使得我们可以将一些属性从观察到的情况投射到未观察到的情况,而不是其他情况?也就是说,为什么我们可以推断出所有祖母绿都是绿色的,但却无法合理地推断出所有祖母绿都是绿蓝色的?

我们或许立刻就会想到的一种回应是,绿色和绿蓝色的区别在于,绿蓝色是依据对象被观察到的时间来定义的,这使它变得不合理,而绿色则没有这样的问题。因此,我们可以将绿色从观察到的情况合理地投射到未观察到的情况,但我们不能用绿蓝色来这样做。可惜,这种回应失败了,因为我们可以引入另一个谓词——蓝绿,并且可以看到绿色(和蓝色)同样可以依据事物被观察到的时间来定义。我们先从蓝绿开始。某物是蓝绿的,当且仅当,它在2100年之前被检验并被确证是蓝色的,或者它在2100年或之后被检验并被确证是绿色的。明确了绿蓝色和蓝绿色的定义,我们便可以依据使对象取决于被观察到的时间的方式,对我们更熟悉的"绿色"和"蓝色"进行定义。因此,某物是绿色的,当且仅当,它在2100年之前被检验并被确证是绿蓝色的,或者,它在2100年或之后被检验并被确证是蓝绿色的。某物是蓝色的,当且仅当,它在2100年之前被检验并被确证是蓝绿色的,或者它在2100年或之后被检验并被确证是绿蓝色的。因此,这个看似显而易见的回应实则不能成立,绿蓝之谜的答案肯定要去别处寻找了。

回应

对绿蓝谜题的所有回应都有一个共同特点：它们都试图寻找绿色和绿蓝色之间的某种不对称性，希望凭借这种不对称性，解释为什么投射绿色而不是绿蓝色是合理的。最早尝试提出这种不对称性的是尼尔松·古德曼（就是提出"新归纳之谜"的人）。他提出，是什么让一个谓词成为可投射的，归根结底在于我们实际的归纳实践。在我们的实践当中，"绿色"比"绿蓝色"更牢靠。换句话说，我们在过去的归纳推理中使用过"绿色"，但没有使用过"绿蓝色"。因此，此处的想法是，可投射的谓词与不可投射的谓词之间的区别仅仅在于，我们过去进行这种推理时投射了什么。

另一种回应认为，"绿色"是一种自然的种类，而"绿蓝色"却不是。大意是，绿色在某种意义上是世界的一种特征，它独立于我们以及我们的兴趣，而绿蓝色却不是。该回应认为，只有自然种类的属性才能被投射。

一种不同的回应方式认为，"绿色"是一个可观察的谓词，而"绿蓝"不是。该回应的要点在于，如果处于合适的光照条件下，你只需看一下就能够判断某物是不是绿色的。然而，在涉及判断某物是不是绿蓝色时，情况就不一样了。你要做的不仅是观察它，还必须明确自己是在什么时候观察的。

还有一种回应认为，由于"绿色"意味着恒定的自然法则，而"绿蓝色"则意味着变化的自然法则，因此，使用"绿色"的假设比使用"绿蓝色"的假设更简单。如果所有的祖母绿实际上都是绿色的，那么无论我们是否观察到祖母绿，都不影响它实际的颜色。但如果所有的祖母绿都是绿蓝色的，那么祖母绿的实际外观就会根据它是否在某个特定时间之前被观察到而发生变化。

一种不同的关于解释的回应声称，在某种意义上，"所有祖母绿都是绿色的"比"所有祖母绿都是绿蓝色的"能更好地解释我们的观察结果。这种回应指出，认为未观察到的祖母绿"不是绿色的"的任何假设（例如，所有祖母绿都是绿蓝色的），都必须包括一些条件来解释为什么我们（出于某种原因）只观察到看起来是绿色的祖母绿。这似乎是一个临时补充，即为了解释我们的观察结果，不需要所有祖母绿都是绿色的。因此，与所有祖母绿都是绿蓝色的假设相比，所有祖母绿都是绿色的假设，可以更好地解释我们对绿色（且只有绿色）祖母绿的许多观察结果。

42

渡鸦悖论：一只黑色乌鸦

背景

确证关注的是某项证据使一个假设成立的可能性有多大。例如，观察到一只黑色乌鸦确证了（至少在某种程度上）所有乌鸦都是黑色的假设。虽然有各种看似明显为真的确证原则，但是当它们结合在一起时，就会出现显而易见的悖论。

【关键词】 渡鸦悖论 / 确证悖论

如果某些证据确证了（支持/使之更可能为真）某一假设 H_1，那么这些证据也同样确证了任何在逻辑上与 H_1 等值的假设 H_2。例如，在图书馆书架上看到一本书确证/支持了"there are many books in the library"。在图书馆书架上看到一本书似乎同样确证/支持了"hay muchos libros en la biblioteca"。为什么呢？因为这两个陈述句的意思是一样的，它们在逻辑上是等值的。类似地，证实"如果今天是星期六，那就没有课"的证据同样可以确证"如果今天有课，那就不是星期六"。原因同样在于，这些陈述是逻辑等值的。相同的证据将逻辑上等值的陈述确证到相同的程度，这一观点被称为"等值条件"。

此外，有一些事情看起来也很正确：肯定性实例确证 / 支持普遍性观点。换句话说，观察到一颗绿色的祖母绿确证了（至少在某些程度上）所有祖母绿都是绿色的观点。这条原则被称为"尼科德条件"［法国哲学家吉恩·尼科德（Jean Nicod）是第一个在著作中明确支持这一原则的人］。

尽管等值条件、尼科德条件在直觉上都是合理的确证条件，但是它们结合在一起却产生了所谓的渡鸦悖论。我们一起来看看。首先，我们从尼科德条件开始。观察到一只黑色的乌鸦，确证了所有乌鸦都是黑色的这一观点。根据等值条件，关于"所有乌鸦都是黑色的"任何证据同样都是"所有不是黑色的东西都不是乌鸦"的证据，因为这两个观点是逻辑等值的。因此，观察到一只黑色乌鸦就是"所有不是黑色的东西都不是乌鸦"的证据。

然而，当我们观察事物的另一面时，情况又如何呢？我们来思考另一个确证"所有不是黑色的东西都不是乌鸦"的观察，即观察一根白色的粉笔。由于一根白色的粉笔既不是黑色的也不是乌鸦，尼科德条件认为它确证了（在某种程度上）所有不是黑色的东西都不是乌鸦。根据等值条件，观察到白色的粉笔也确证了"所有乌鸦都是黑色的"，因为它与"所有不是黑色的东西都不是乌鸦"是逻辑等值的。但是一根白色的粉笔与乌鸦的颜色有什么关系呢？直观地看，似乎我们并不能通过观察粉笔的颜色（不管颜色如何）获悉乌鸦的颜色。但是，如果等值条件和尼科德条件都为真，那么观察白色的粉笔似乎能够使我们有证据相信所有乌鸦都是黑色的。这就是渡鸦悖论（有时也称"确证悖论"）。

回应

有一种回应直接否认此处存在悖论。事实上，当卡尔·亨佩尔（Carl Hempel）最初提出渡鸦悖论时，他只是单纯拿它来表明，观察一根白色的粉笔可以确证"所有乌鸦都是黑色的"。许多人并不认同亨佩尔这一结论。

在考虑其他回应之前，值得注意的是，有人认为渡鸦悖论和新归纳之谜/绿蓝问题在逻辑上是等值的。这一点非常重要，因为如果这个观点是正确的，并且渡鸦悖论和绿蓝悖论在逻辑上确实是等值的，那么对其中一个问题的任何解决方案，都自然而然是对另一个问题的解决方案。然而，如果这个推理思路是正确的，那么上一章所考虑的任何对新归纳之谜的回应，都同时有可能是对渡鸦悖论的回应。即便如此，对这两个悖论的大多数回应仍然是不同的。

总的来看，知识论者对渡鸦悖论和新归纳之谜做了不同的回应，但其中也存在一个明显的例外。正如我们在上一章所看到的，一种对新归纳之谜的回应提到，"绿色"是一种自然种类，而"绿蓝色"不是。这种回应总的思路是，绿色在某种意义上是独立于我们和我们喜好的客观世界的特征，但绿蓝色不是。这种回应认为，只有自然种类的属性才能够被投射。同样地，"自然种类"回应也被作为渡鸦悖论的解决方案。根据这种对渡鸦悖论的回应，尼科德条件是错误的。该回应认为，只有关于自然种类的一般陈述才能得到实例的确证。因此，这种回应产生的结果是，观察到一只黑色乌鸦证实了"所有乌鸦都是黑色的"（因为乌鸦和黑色都是自然种类），但观察到一根白色粉笔却无法证实"所有不是黑色的东西都不是乌鸦"（因为非黑色和非乌鸦不是自然种类）。这使得该回应的支持者否认观察到一根白色粉笔证实了"所有乌鸦都是黑色的"的结论。

或许对渡鸦悖论最常见的回应是贝叶斯主义者的回应。这种回应运用了贝叶斯确证定理，使得确证条件更加精准（我们在这里不关心贝叶斯定理的细节）。这种回应最有趣的地方在于，它否认尼科德条件（尽管与自然种类回应的原因不同），但是它接受观察一根白色粉笔就能确证"所有乌鸦都是黑色的"这一结论。该回应坚称，观察到一根白色粉笔并不像观察到一只黑色的乌鸦那般强力地支持"所有乌鸦都是黑色的"这个结论。许多贝叶斯主义者都坚称，观察到一根白色粉笔对"所有乌鸦都是黑色的"的支持微乎其微。不过，他们认为这确实为"所有乌鸦都是黑色的"提供了些微的证实。

对渡鸦悖论的另一种回应声称，至少在否认等值条件上，他们与贝叶斯主义者一致。根据这种回应方式，假设形式的表述的准确性，会随着探究的语境的变化而变化。换句话说，在某些语境中，"所有不是黑色的东西都不是乌鸦"将是表述"所有乌鸦都是黑色"的准确方式，即在某些语境下这两者是等值的。然而，在其他语境中，例如我们正在看乌鸦或粉笔的语境中，"所有不是黑色的东西都不是乌鸦"就曲解了所有乌鸦都是黑色的假设。这里的观点是，由于等值条件作为普遍原则是错误的，并且它在这个特定实例中不成立，所以他们不会被迫接受观察到一支白色粉笔就能确证"所有乌鸦都是黑色的"这一反直觉的结论。

43

独断论谜题：超级碗比赛冠军

背景

一般来说，我们认为一个人不应当独断。人们普遍认为，即使我们知道某事是真的，在面对他人观点时，我们还是应当保持开放的心态，并且愿意考虑新的证据。然而，一些在直觉上貌似合理的关于知识和证据的原则导致的结论却是我们有时应当变得独断。

【关键词】 知识论问题：挫败；误导性证据

以下内容明显为真：如果一个命题 p 为真，那么任何表明 p 为假的证据都是误导性证据。因为这种证据错误地表征了某件真实的事情为假。例如，芝加哥熊队在 1986 年第 20 届"超级碗"比赛中获胜，如果你偶然看到有一篇文章说是其他球队在 1986 年"超级碗"比赛中获胜，那么这篇文章就是错误的，因为它提供的证据具有误导性。

还有一件事似乎也显然为真：如果你知道有些证据具有误导性，那么你可以（也应当）忽略它。我们再以第 20 届"超级碗"为例。如果你知道一篇报道新英格兰爱国者队赢得第 20 届"超级碗"的文章是错误的，那么你应当忽视这篇文章对第 20 届"超级碗"的报道。这篇文章所提供的关于第 20 届"超级碗"赛况的证据是误导性的，而且你知道它具有误导性。到目前为止，一切顺利，但我们正迫近令人困惑之处。我们再来思考一件显然为真的事情：我们不应当在自己的信念上独断。换句话说，我们应当对改变我们关于事物想法的观点持开放态度，而且我们应当根据我们所掌握的证据来相信某件事，而非出于我们希望其为真而相信。

这些看似显而易见的原则，加上一些关于知识本质的毫无争议的观点，产生了一个具有挑战性的谜题。假设你知道某个命题 p，既然你知道 p，那么任何反对 p 的证据都具有误导性。为什么呢？如果你知道 p，那么 p 就为真。事实上，"你知道 p 为真"只是"你知道 p"的另一种说法。因此，你知道 p，这就意味着 p 为真。现在，我们假设你掌握了一些证据 E，它提供了确证 p 为假的理由。你该怎么做呢？鉴于"你知道 p"蕴含着"p 为真"，并且上文所提原则亦为真，你应当完全忽视 E。在我们考虑到这适用于你所知道的任何事情，以及你曾经获得的反对你所知道的事情的任何证据之前，这种情况似乎并不是什么谜题。你应当始终忽略任何与你所知道的事物相悖的证据。可如果你这么干，就未免显得太独断了。

为了更好地理解这一谜题背后令人困惑的本质，我们来考虑一个具体的案例。想象一下，你刚刚通过阅读一本非常可靠的知识论书籍，第一次了解到芝加哥熊队赢得了第 20 届"超级碗"比赛的信息。既然你相信你在这本高度可靠的知识论书籍中读到的信息，你就会相信甚至知道芝加哥熊队赢得了第 20 届"超级碗"。现在我们来想象一下，明天你偶然读到另一本高度可靠的书,上面写着其他队伍赢得了第20届"超级碗"。你该怎么办呢?考虑到你应当不理睬与你所知道的事情相反的证据,因为它具有误导性,你不应当关注这本新书所说的内容。试想读完这本书以后,你决定搜索一下第20届"超级碗",出现的前五个搜索结果都说芝加哥熊队没有赢得第20届"超级碗"比赛。你现在应当怎么办?好吧,既然你知道芝加哥熊队确实赢得了"超级碗",似乎你也不应当再关注这个证据了。不论你偶然看到多少其他证据证明芝加哥熊队没有赢得第20届"超级碗",故事都一样。但是认为你必须忽视所有这些证据,这也太骇人听闻了!试想有其他人告诉你,他们用和你一样的方式知道了芝加哥熊队赢得第20届"超级碗"的信息,并且他们现在也完全忽视了任何与之相反的证据。难道你不觉得他们不讲理又独断吗?

一方面,我们应当忽视那些我们知道具有误导性的证据,我们也知晓,与我们认为是真实的事情相反的证据就是误导性证据。另一方面,以这种方式忽视证据等于是不合理地独断。这就是独断论谜题。其挑战在于,我们需要弄清楚这些看似正确、实则导致我们变得独断的推理,究竟哪里出了问题。

回应

最受欢迎的对独断论谜题的回应坚称,上述推理的基本假设是错误的。这个基本假设就是,知识不可挫败。知识不可挫败的意思就是,如果你目前知道 p,那么在以后的任何时候,当你出于与现在相同的理由相信 p 时,你也会知道 p。换句话说,只要你相信知识的理由与你现在拥有该知识时的理由相同，你的知识就不会被其他信息挫败。尽管如此，许多哲学家认为，知识实际上还是可挫败的。因此，他们声称，你现在或许知道 p，并且以后会出于同样的理由相信它，但在以后的时间你却不知道 p。再回看"超级碗"的案例。现在你知道芝加哥熊队赢得了第 20 届"超级碗"，因为你在这本书里读到了。然而，根据这种回应，之后当你获取到反对该观点的证据时，你的知识就会被挫败。因此，你将不再知道芝加哥熊队赢得了第 20 届"超级碗"。当然，既然之后你不再知道芝加哥熊队赢得了第 20 届"超级碗"，你就无法合理地忽视支持或反对这一主张的证据了。

虽然接受知识是可挫败的这一观点使我们摆脱了独断论谜题，但一些知识论者认为它并未完全成功。他们担心，你所获得的证据会削弱你对 p 的相信，但不会让你不知道 p。在这种情况下，你依然能够忽视这个证据，因为你仍然知道 p，因此知道反对 p 的证据必然具有误导性。但是这种独断似乎仍然有问题，你不应当忽视这个证据。这些知识论者认为，接受知识是可挫败的并不足以解决独断论谜题。

意识到知识是可挫败的这一观点不足以解决这种有问题的独断论，使得其他哲学家认为，要想解决这一谜题，我们必须承认知识是可挫败的，并且意识到即使我们知道有些证据是误导性的，但这并不总是意味着我们能够合理地忽视它。知识论者提出了各种理由来接受这一观点：知道某些证据是误导性的，不足以构成我们合理地忽视它的理由。一个理由是，我们或许知道一些证据是误导性的，但是我们可能不知道我们知道这一点。他们认为，我们需要有我们所知道的事情的其他知识，才能合理地忽视这些证据。他们给出了一个相关理由，即我们也很容易弄错某些证据到底是否具有误导性。由于我们容易出错,因此在确定证据是否有误导性时,不应当忽视证据本身。一些哲学家给出的最后一个理由是,关于 p 的误导性证据或许仍然存在,因此,即使我们知道证据具有误导性,我们也应当认为 p 不像我们最初认为的那样真实。

44

睡美人难题：一个奇怪的睡眠实验

背景

在论及类似于公平抛硬币这样简单的事情时，我们往往认为，应当对既定结果有多大信心是显而易见的。例如，如果我们知道一枚硬币是公平的并且被公平地抛出，我们往往会认为，这枚硬币在抛出后有1/2的概率正面朝上。不过，下面这个情况质疑了这种看似显而易见的想法。

【关键词】 睡美人难题；自我定位信念

睡美人同意去当一个奇怪的睡眠实验的对象。以下是这项实验的内容说明。睡美人将于星期天被安排入睡。在实验进行的三天内，实验人员将短暂地叫醒她，要么叫醒一次，要么叫醒两次。他们将通过抛出一枚公平的硬币来决定叫醒她的次数。如果硬币正面朝上，他们就只叫醒她一次；如果硬币背面朝上，他们就会叫醒她两次。当他们让睡美人再度入睡时，会用一种药物让她忘记自己曾经醒来的事。

我们来详细解释一下各种可能性，以帮助澄清具体情况。睡美人在星期天被安排入睡。实验人员肯定会在星期一叫醒她。当晚,他们抛了一枚硬币。如果硬币正面朝上,他们便不会在星期二再度叫醒她。相反,他们会让她一直睡到星期三实验结束为止。如果硬币背面朝上,实验人员会在星期二短暂地叫醒她,并再次给她施以药物,使她再度入睡并忘记自己醒过。

关于这个案例,还有些事情需要记住。睡美人十分确定这是一枚公平的硬币,她也十分肯定抛硬币的过程会是公平的。因此,睡美人笃定,当这枚硬币被抛出时,它出现正面朝上的客观概率是 1/2(背面朝上也是如此)。她也笃定,实验人员会信守抛硬币的结果,根据承诺进行实验。

现在事情变得有趣起来了。当睡美人在星期一被叫醒时(在实验人员告诉她今天是星期几之前),她该如何思考抛硬币的结果?换句话说,她该如何看待硬币正面朝上或背面朝上的可能性?当实验人员告诉她今天是星期一之后,她又该如何思考抛硬币的结果?(这里发生了什么,为什么会令人费解,当我们了解哲学家对这个谜题的回应后,以上问题将会变得更加清楚)。

回应

对睡美人难题的回应主要有三种,它们都有严肃而认真的捍卫者。这些立场是根据他们认为睡美人应当赋予硬币正面朝上的置信度(大概有多少信心)来命名的,有"1/3 说""1/2 说",还有"双 1/2 说"。以下是他们各自的主张。

根据"1/3 说",当睡美人在星期一第一次醒来时(在她知道今天是星期几之前),她对于硬币正面朝上的置信度应当是 1/3。做出这一评估的理由在于,硬币本身及抛掷硬币的过程都是绝对公平的,因此硬币正面朝上的概率是 1/2。如果这个实验进行了 100 次,那么预期硬币有 50 次正面朝上,50 次背面朝上。如果硬币正面朝上,那么睡美人只会被叫醒一次,但如果背面朝上,她就会被叫醒两次。因此,这意味着,如果实验进行 100 次,睡美人会被叫醒 150 次(硬币正面朝上时叫醒 50 次,背面朝上时叫醒 100 次)。"1/3 说"认为,既然睡美人了解这些频率,那么当她在星期一早晨醒来时,她应当认为硬币正面朝上的概率是 1/3。"1/3 说"认为,在实验人员告知睡美人现在是星期一早晨(且硬币实际上还没有掷出)之后,睡美人应当修改她的置信度,因此她现在认为硬币正面朝上的概率是 1/2。为什么会这样?因为睡美人知道这是她在这个实验中第一次(也可能是唯一的一次)被叫醒。此外,她也知道硬币正面朝上的客观概率是 1/2(似乎她也知道,当实验进行的频率提高以后,她在星期一被叫醒后,硬币有 1/2 的概率正面朝上)。总而言之,"1/3 说"意味着,当睡美人第一次醒来时,她对硬币正面朝上的置信度应为 1/3,在她知道今天是星期一后,她对硬币正面朝上的置信度就应当变更为 1/2。

"1/2 说"认为,当睡美人在星期一早上被叫醒时(在实验人员告诉她今天是星期几之前),她应当有 1/2 的置信度认为硬币正面朝上。因为她确信硬币正面朝上(或背面朝上)的客观概率是 1/2,因此她应当认为,在任何抛掷条件下,硬币正面朝上的概率都是 1/2。毕竟,"1/2 说"坚称,除了知道抛硬币是完全公平的这一事实以外,睡美人对抛掷结果没有任何信息,这意味着硬币正面朝上的客观概率是 1/2。不过,这一立场面临的困难是,当睡美人得知今天是星期一后,该如何评价自己的置信度。似乎在知晓今天是星期一之前,对睡美人来说,已发生的事情有三种可能:今天是星期一且硬币正面朝上,今天是星期一且硬币背面朝上,或今天是星期二且硬币背面朝上(注意,如果硬币正面朝上,那么她只能在星期一被叫醒,因此不存在今天是星期二且硬币正面朝上的可能)。当睡美人知道今天是星期一后,这一信息促使她排除了今天是星期二且背面朝上的可能。但这似乎表明,当她知道今天是星期一之后,睡美人应当更加相信(赋予更高的置信度)硬币正面朝上。然而,这似乎并不正确,因为她知道硬币是公平的,对一枚公平抛掷的硬币来说,将超过 1/2 的置信度赋予正面朝上,这似乎不太合理。那些为"1/2 说"辩护的哲学家坚称,当睡美人知道今天是星期一后,她获得的新证据在更新她的置信度时不可采纳。因此他们认为,睡美人的置信度应当保持不变。

有些哲学家对"1/2 说"持怀疑态度,他们认为当睡美人得知今天是星期一后,她获得的证据不可采纳。然而,其中有些对"1/2 说"持怀疑态度的哲学家并不拥护"1/3 说"。相反,他们主张"双 1/2 说"。"双"来自如下事实:他们认为睡美人在得知今天是星期一之前和得知今天是星期一之后,对硬币正面朝上的置信度都是 1/2。他们声称(就像"1/2 说"一样),当睡美人在星期一第一次醒来时,她应当有 1/2 的置信度认为硬币正面朝上(理由与"1/2 说"一样),从而得出这个"双 1/2 说"。但与"1/2 说"不同,他们坚称,睡美人在得知今天是星期一后的置信度,不应当通过条件化她先前的置信度来生成。条件化是一个贝叶斯(概率)标准,它涉及一个人应当如何随着时间推移改变自己的置信度的问题。因此,"双 1/2 说"否认这一标准适用于睡美人在知道今天是星期一之后的情况。

这三种立场各有利弊，因此，睡美人难题仍然是一个没有公认解决方案的谜题。

45

意外测验悖论：测验哪天进行呢

背景

当老师宣布下周将进行一次意外测验时，学生就会知道下周将有一次意外测验。然而，这个看似不可辩驳的推理得出的结论却是，不可能有这样的测验。

【关键词】 意外测验悖论

阿莉雅是一个非常聪明的学生（哲学系的学生往往如此），她的知识论课程每周上五天（从周一至周五）。某个周五，快下课时，阿莉雅的老师宣布下周的某一天将进行一次意外测验。阿莉雅思索了片刻，然后在下课前，她举起了手。她告诉老师，下周不可能有意外测验。老师知道阿莉雅是一个非常勤勉认真的学生，但她想不出下周会有什么事情发生以致需要取消课程，或者有什么理由能让学生无法参加测验。因此，她让阿莉雅做一番解释。

阿莉雅的回应如下。测验不可能在周五进行，因为如果周四的课上没有测验的话，那么周五的测验就不会"意外"了，因此，测验不可能在周五进行。然而，测验也不可能在周四进行。为什么呢？阿莉雅解释道，因为她知道测验不会在周五，所以如果周三下课前还没有测验，那么她就会知道测验在周四。但这同样意味着测验并不令人"意外"。因此，测验不能在周四进行。现在，阿莉雅知道测验不在周四或周五了。她接着说，测试也不可能在周三进行。因为她知道测验不可能在周四或周五进行，所以如果周二下课之前还没有进行测验，那么周三进行测验也不会令人"意外"。因此，测验也不能在周三进行。那周二呢？阿莉雅知道测验不可能在周三、周四或周五进行。鉴于此，如果测验没有在周一下课前进行，那么她就会知道，测验将在周二进行。但这同样意味着这场测验并不令人"意外"。因此，测验也不可能在周二进行。那就只剩下周一了。但测验也不可能在周一进行，因为阿莉雅知道测验不是在周二、周三、周四、周五进行，那么就只剩下周一了。但是，如果只有一天可以进行测验，那么测验当然就不是令人"意外"的了。因此，下周没有可以"意外"测验的日子。

在同学的欢呼声结束后，老师表扬了阿莉雅的巧妙论证。不过，她告诉同学们下周会有一次意外测验，他们最好做好准备。

使这种情况（至少看起来）自相矛盾的原因有两个。一方面，按照常理，即使老师在测验前一周宣布下周有意外测验，意外测验也是可能的；另一方面，阿莉雅关于不可能有意外测验的论证似乎也很有道理。

回应

对意外测验悖论的一种回应声称，老师的通知是自我挫败的。意思是说，她的表述削弱了这个表述本身。比如，如果某人用英文告诉你，"I speak absolutely no English（我完全不会说英语）"，这种表述就是自我挫败的，因为说话者通过说这句话本身，就已经使得这句话的内容为假了。这种回应认为，当老师宣布将进行意外测验时，同样的事情也会发生。

另一种回应认为，虽然老师通知下周有测验的消息是真的，但学生（包括阿莉雅）无法知道这是真的。既然阿莉雅不知道这个通知是真的，那么她的推理就不能获得认可，因为这个推理的关键在于她是否知道这一点。当然，有人立即就会担心，为什么我们应当认为，阿莉雅和其他学生不知道老师的通知是真的？一种方法是，论证老师的通知是摩尔式语句。摩尔式语句是指类似于"天在下雨，但我不相信天在下雨"这样的句子。许多知识论者认为，即使这类句子表达的命题可能为真，说这些话的人也无法知道它们是否为真。同样，他们认为老师的通知对学生来说相当于摩尔式语句。因此，阿莉雅和她的同学们也无法确认这则通知的真实性。

一种相近的回应并不认为老师一开始的通知是一个摩尔式语句，而是认为这则通知在周四下课时会成为一个摩尔式语句。这里的想法是，如果周四下课时还没有进行测试，阿莉雅（及其他学生）就无法再知道老师通知的下周有意外测验是真的。这就反驳了阿莉雅论证的第一步。具体思路是，阿莉雅知道老师的通知是真的，这是她在周四（下课后）知道周五会有意外测验的基础。然而，如果阿莉雅知道周五有意外测验，那么这次测验就不令人意外了。这也意味着，老师的通知是假的，因此，阿莉雅不可能知道这则通知的真实性。根据这种回应，阿莉雅可以知道老师的通知在整个星期都是真实的,直到周四下课。那时,阿莉雅就不再知道这则消息是真的了。因此,这种回应坚称,阿莉雅论证的第一步就是不成立的。在周四下课后,她不可能知道这则通知是真的,因此,她没法合理地推断测验会在周五进行。

46

可知性悖论：球和球棒的颜色

背景

许多反实在论的观点认为，所有真理皆是可知的。例如，关于真理的实用主义理论就秉持这一观点。查尔斯·桑德斯·皮尔士（Charles Sanders Peirce）坚称，真理是完成理想化的调查研究之后，人们会毫不怀疑自己相信的事情。根据这种观点，如果在了解关于某个主题的所有知识之后，人们会毫不怀疑地相信某个命题，那么这个命题就是真的。另一位实用主义者威廉·詹姆斯（William James）构建了一种不同的实用主义真理理论。根据詹姆斯的说法，如果在接受某个命题的基础上采取行动能使我们的努力得以成功，那么这个命题就是真的。当然，这些理论之间存在着重要的差别，而且除了我们在本章中将要讨论的内容之外，这种对真理的描述也存在一些严重的问题，需要注意的关键点是，这些主张都认为所有真理皆是可知的。对皮尔士来说，只有当我们经过理想的调查研究后会相信某事时，它才为真；这意味着，真理必须是可知的。类似地，对詹姆斯而言，除非我们能够相信这个命题，否则我们不可能在接受该命题的基础上采取行动，这表明这个命题必须是可知的。还有许多其他反实在论的观点（不仅仅是关于真理的本质），它们都认为：为了使一个命题为真，它必须是可知的（注意，这并不意味着它们认为所有的真理都是已知的，仅仅是说所有真理在原则上都是可知的）。

【关键词】 可知性悖论

可知性悖论给任何认为所有真理皆可知的理论带来了一个问题，它表明，这种承诺迫使人们接受所有的真理事实上都为某人所知。以下是可知性悖论的一般形式。我们从一个似乎十分妥当的假设开始，我们假设存在一些没有人知道的真理。我们可以将这个真理称为"未知"（因为我们并不知道它的内容，毕竟，如果我们知道它的内容，那么它就不会是未知的）。因此，"未知"是真的，但没有人知道它。当然，这意味着"'未知'为真，但没有人知道它"是真的。

主张所有的真理皆可知的反实在论者声称，"'未知'是真理，但没有人知道它"是可知的。换句话说，反实在论者的观点是，某人知道"未知"为真，同时也知道没有人知道"未知"为真，这是可能的。这遵循了一个非常合理的原则，即"单一前提封闭"原则。单一前提封闭是说，如果你知道"p 且 q"，那么你知道 p 并且知道 q。例如，如果你知道"球是红色的并且球棒是蓝色的"，那么你知道球是红色的，并且你知道球棒是蓝色的。因此，反实在论者坚称某人可以知道"未知"为真，同时也知道没有人知道"未知"为真。但是，知识是事实性的。换句话说，如果某人知道 p，那么 p 就是真的。在这种情况下，它意味着，如果某人知道没有人知道"未知"为真，那么就没有人知道"未知"为真。然而，这意味着反实在论立场导向了一个矛盾，即某人知道"未知"为真，这是真的；同时没有人知道"未知"为真，这也是真的。显而易见，这不可能都是对的。如果有人知道"未知"为真，那么就不可能没有人知道"未知"为真。如果没有人知道"未知"为真，那么有人知道"未知"为真也不可能成立。

总结一下。我们一开始就假设，存在一些不为任何人所知的真理。我们将这种假设与认为所有真理皆可知的反实在论观点相结合。这种结合，连同单一前提封闭原则和知识蕴含真理的事实，直接导致了一个矛盾。因此，其中的某些观点必定是错误的，但究竟是哪个错了呢？几乎所有知识论者都认为，单一前提封闭原则和知识蕴含真理是不容置疑的。因此，似乎只剩下否认（a）强调所有真理皆可知的反实在论，或者（b）存在一些不为任何人所知道的真理的假设。

回应

对可知性悖论的一种回应坚称，它根本不是一个悖论，而是一个表明反实在论立场错了的论证。这种回应认为，可能存在一些未知的真理，因此可知性悖论仅仅是告诉我们，所有真理皆可知这一观点是错误的。

另一种回应坚持反实在论，认为尽管表面上看起来相反，但其实所有真理都是已知的。这或许并不像起初看起来那样令人不安。毕竟，许多人相信上帝，也相信上帝是全知的。对全知的一种直接看法是，全知的存在知道所有真理。因此，如果某人相信存在一个全知的上帝，他就已经承认所有真理实际上都已知的观点了。值得注意的是，对上帝的信仰并不使人接受反实在论，这里的要点只是，如果有人想把反实在论从可知性悖论中拯救出来，那么一个全知的上帝的存在就使所有真理都是已知的这一看似有问题的主张变得没有问题了。

还有一种回应认为，可知性逻辑是次协调逻辑，其中可能存在真正的矛盾。这种回应认为，某人既知道 p 又不知道 p，这是可以为真的。这种回应的挑战在于，如何在不使可知性逻辑碎片化的情况下支持这一观点，也就是说，不能让人基于一个所谓的真矛盾有效地得出任何结论。

另有一种回应反对所有真理在某种意义上皆可知的反实在论观点。赞成这一回应的一种方式认为，任何前后矛盾的真命题都是不可知的；另一种方式将所有真理都可知的想法限制为"基本"陈述。大致而言，这一观点认为，复合命题不符合为了真实而可知的要求；相反，只有构成这些复合命题的简单命题才符合。这两个选项都会将"'未知'为真，但没有人知道它"排除在可知之外。

47

摩尔悖论：天在下雨，又没下雨

背景

说类似于"天下雨了，又没下雨"这样的话（指的是同一时间、同一地点）是荒谬的。的确，这种命题的荒谬之处就在于，其所说的内容自相矛盾。不过，也有一些命题，尽管说出来显得荒谬，但其本身却并不矛盾。实际上，这些看似荒谬的命题没准还是真的！为什么有些命题明明为真，但是当我们说出来或者去相信它的时候，却显得很荒谬？要想准确解释其中的原因，是有挑战性的。

【关键词】 摩尔悖论

想象一下，你的朋友乔治对你说："天在下雨，但我不相信天在下雨。"接着，他又在别处说："天在下雨，但我相信天没下雨。"你在确认自己没有听错之后，很容易就能断定他是在胡说八道。这貌似是正确的结论：乔治的话语似乎无比荒谬。不过，他并没有说自相矛盾的话。也就是说，他并没有说类似于"天在下雨，又没下雨"这样的话。事实上，乔治在这两个场合中所说的话都有可能是真的。毕竟，实情有可能是天在下雨，但是乔治不相信天在下雨；也有可能是天在下雨，但是乔治相信天没下雨。我们甚至可以假设,乔治在这两个场合中对你说的都是真话。不过,即便乔治所说的话都是真的,他这样说仍然显得很荒谬。可是,我们很难解释到底是什么致使乔治所说的话显得荒谬,因为这似乎与他所说的话是否属实无关。这就是摩尔悖论,即乔治所说的话是荒谬的,但是我们并不知道它为什么荒谬。

摩尔悖论也适用于信念。尤其是,如果乔治相信这些事情,哪怕他对此闭口不谈,荒谬性也不会凭空消失。换句话说,相信"天在下雨,但我不相信天在下雨"和"天在下雨,但我相信天没下雨"与向他人断言这些观点,似乎是同等荒谬的。我们将会把关注点集中在摩尔悖论的信念方面,因为这才是知识论的内核。也就是说,要确保我们对摩尔悖论的一般性质非常地清楚。相信"p,并且我不相信 p",或者相信"p,并且我相信 p 为假",似乎都很荒谬。尽管如此,这些摩尔式句子却没有呈现出明显的矛盾,它们好像都可以为真。因此,摩尔悖论发出的挑战就是,解释为什么相信诸如此类的摩尔式命题是不合理的。

回应

对摩尔悖论的一种回应认为,至少就一类摩尔式命题而言,你不可能相信它的内容。这种回应是基于这样的观点,即只要你相信 p,那么你也相信你相信 p。由此,这种回应坚称,"p,我不相信 p"无法被合理地相信,因为这个命题势必导致相信它的人陷入自我矛盾。推理过程是这样的:根据这种回应,如果你相信"p,我不相信 p",这就意味着你相信 p,并且相信"我不相信 p";可是当你相信 p 的时候,你就必须同时相信"你相信 p"。因而,根据这种回应,相信摩尔式命题的荒谬之处就在于，这样做时，你必须相信你相信 p，并且（与此同时）相信你不相信 p，这是一对矛盾。这种回应连带着声称，我们不可能相信这种显而易见的矛盾。

对摩尔悖论的另一种回应认为，通过相信摩尔式命题，你就已经导致命题为假，这是致使我们相信一个摩尔式命题显得荒谬的根源所在。此处的观点是，乔治在形成"天在下雨，但我不相信天在下雨"这一信念的时候，他正在形成的信念致使命题为假。究其原因，乔治在形成这一信念的时候，他相信天在下雨（这是命题的前半部分），但他相信天在下雨使得命题的后半部分为假。因此，这种回应声称，要想解决摩尔悖论，就要认识到虽然摩尔式命题有可能为真，但是相信它们是荒谬的。因为一旦你相信摩尔式命题，它就会立马变成假的。

一种回应摩尔悖论的观点声称，与其以相信来致使一个摩尔式命题为假，还不如这样来立论：无论一个摩尔式命题是否为真，你相信它都不可能得到证成。这种回应的思想是，任何为乔治相信"天在下雨"所作的证明，同时也在为乔治相信"他相信天在下雨"作着证明。所以，此处的大意是，你不可能证成地相信一个摩尔式命题。要么你证成地相信 p，但那样的话，你也会证成地相信"你相信 p"；要么你证成地相信"你不相信 p"，或者你相信 p 为假，但那样的话，你相信 p 就会证不成。在这两种假设当中，你都无法对构成摩尔命题的合取命题提供辩护。

最后一种回应否认相信摩尔式命题实际上存在问题。这种回应坚称，人们可能持有的严肃的哲学立场可以使相信摩尔式命题的过程变得合理。例如，你也许是一位结构虚无主义者（一些哲学家接受的形而上学观点，即世界上只存在基本粒子，不存在复合对象），并且接受感性信念不受我们控制的观点。在这种条件下，你也许会合理地相信"存在一本书，我相信'存在一本书'是假的"这个命题。因为哪怕你接受了一种哲学理论，这种理论认为根本不存在书籍之类的东西，你的知觉能力也会自发地导致你相信"存在一本书"。同样地，这种回应也认为，对于另一种摩尔式命题，即"存在一本书，但我不相信存在一本书"，人们也是有可能相信的。在这种情况下，你有可能接受了取消唯物主义（这是一个心灵哲学的观点，它认为信念是不存在的，它声称"信念"只不过是一个过时的民间概念）。因为你不相信存在信念这种东西，所以"存在一本书，你不相信存在一本书"有可能为真。当然，能够致使相信摩尔式命题实际上存在问题的唯一方法就是，假设消除唯物主义是假的。所以，这种回应在此假设了消除唯物主义为假，尽管人们可能会相信它。从而，你相信"存在一本书，但我不信存在一本书"，说不定就是由于你接受了消除唯物主义的缘故（即便这个理论为假）。总之，这种回应坚称，摩尔悖论并不存在悖论。因为至少在某些情形中，我们相信摩尔式命题并没有不合理之处。

48

彩票悖论：亨利的 100 注彩票

背景

　　这里有三条原则看起来很有道理。第一条我们称为充分性原则：如果 p 的概率足够高（即使概率不是 1，换言之，即使不是绝对确定 p 为真），那么接受 / 相信 p 就是合理的。不少人接受这一点，因为如果我们在理性地相信某事之前要求确定性（概率为 1），那么我们将会被普遍怀疑所困扰。毕竟，在我们所相信的事物中很少有绝对确定的。第二条原则可以称为合取原则：如果相信 p 是理性的，并且相信 q 也是理性的，那么相信 p 且 q 也是理性的。例如，如果相信天在下雨是理性的，相信你有伞是理性的，那么相信天在下雨并且你有伞是理性的。第三条原则可以称为不矛盾原则。不矛盾原则认为相信一对矛盾是不理性的。换句话说，同时相信 p 并且非 p 是不理性的。尽管这三条原则似乎都是理性的，但是彩票悖论表明，它们不可能都为真。

【关键词】　知识论问题：彩票悖论

　　亨利最近买了一张 100 注的彩票。他知道彩票是公平的，并且只有一张彩票会中奖。抽奖刚刚结束，亨利还不知道结果如何。他应当如何看待他的彩票？虽然很多人认为，亨利不知道他的彩票没中奖，但大多数人认为，对亨利来说，相信自己没中奖是理性的。毕竟，亨利的彩票有99%的可能没中奖。亨利认为他的彩票（比方说他的彩票是1号）没中奖是理性的。对亨利而言，认为1号彩票（他的彩票）没中奖是理性的，那么似乎对他而言，认为2号彩票没中奖也同样是理性的。2号彩票没中奖的可能性和1号彩票没中奖的可能性一样大。3号彩票事实上也是如此，其他每张彩票都是如此。任何一张彩票都有99%的概率没中奖。因此，对亨利而言，相信每张彩票都没中奖似乎是理性的。但是，如果亨利相信1号彩票没中奖，2号彩票没中奖，3号彩票没中奖……都是理性的，那么他相信"1号彩票没中奖，2号彩票没中奖，3号彩票没中奖……100号彩票没中奖"似乎也都是理性的。但亨利知道彩票是公平的，一定有一张彩票会中奖！这样看来，似乎亨利相信所有彩票都不中奖是理性的，并且他相信其中有一张彩票会中奖也是理性的。可是，"所有彩票都不会中奖并且其中有一张彩票会中奖"，这是一对矛盾。这就是彩票悖论。

重要的是要记住，在彩票悖论中只有三个原则在起作用，也就是我们所说的充分性原则、合取原则以及不矛盾原则。一旦我们假设某人能够知道（并且因此理性地相信）彩票活动是公平的，其中有一张彩票会中奖，并且他知道总共有多少张彩票（这些都是非常理性的假设），就很容易想到这样的案例，来表明我们不能理性地接受所有这三条原则。然而，它们至少在最初都是非常理性的。这就是彩票难题被当成一个悖论的原因。

回应

我们提到过，彩票悖论似乎直接表明，充分性原则、合取原则和不矛盾原则是不一致的。换句话说，它们不可能同时都为真。这则悖论的挑战在于，既然它们似乎都是理性的原则，我们应当认为哪一条原则是假的呢？考虑到这则悖论产生于这三条原则，一般来说，亦有三种回应的方式。

对彩票悖论的第一种回应方式否认不矛盾原则。这种回应认同，在某些情况下，相信你认为是矛盾的事情实际上是理性的。迄今为止，这是对彩票悖论的回应中最不受欢迎的一种，但它仍有少数严肃的捍卫者。这种回应表明为什么相信某些矛盾、而非其他矛盾是合理的，也要解释从一件事推导出任意一件事，处于矛盾中的理性信念如何不会被"推翻"。在经典逻辑系统中，每个命题都包含着一个矛盾。因此，这种回应的支持者需要给出一个原则性的理由来说明，为什么人们可以理性地相信一个矛盾，但却不能从理性地相信的矛盾中理性地推断出每一个命题。

一个更受欢迎的回应是亨利·凯伯格最初利用彩票悖论想要表明的是，合取原则是有误的。这里的大意是，虽然亨利能够理性地相信1号彩票没中奖，2号彩票没中奖，3号彩票没中奖，等等，却不可以理性地相信所有彩票没中奖这一合取。换句话说，亨利不可以理性地相信"1号彩票没中奖、2号彩票没中奖、3号彩票没中奖……100号彩票都没中奖"。这种观点的支持者通常指出，风险叠加起来，一旦错误的风险足够高，我们就不再能够理性地相信了。为了说明这一点，我们假设，为了能够理性地相信p，你给出的证据必须使p的真值高于

95%（这只是一个任意的假设，对于我们设定的任何低于100%的阈值，这里的观点都是相同的）。亨利理性地相信1号彩票没中奖，因为它有99%的可能不会中奖。他也理性地相信2号彩票没中奖，因为它也有99%的可能不中奖。他也理性地相信3号彩票没中奖，因为它同样有99%的可能没中奖，以此类推。然而，亨利却没法证成地相信所有的彩票都不中奖的合取，因为他对每张彩票判断错误的那一点点风险加起来就不再是小问题了。例如，1号彩票没中奖的概率为99%，2号彩票没中奖的概率为99%，但1号彩票和2号彩票都没中奖的概率却只有98.01%。一旦我们把亨利对每张彩票的信念结合在一起，他就有可能搞错。最后，亨利的证据将导致对彩票的合取式信念的真实性低于95%。事实上，一旦他相信，"1号彩票没中奖，2号彩票没中奖，3号彩票没中奖，4号彩票没中奖，5号彩票没中奖和6号彩票都没中奖"，那么他正确的可能性就只有94.15%了。这种回应坚称，由于个体信念的风险叠加，所以他相信p是理性的，相信q是理性的，"相信p且q也必然是理性的"却是错的。因此，在这个案例中，亨利可以理性地相信每张彩票都没中奖，但却无法理性地把这些信念整合起来。

最后一种回应试图通过否认充分性原则，来保留不矛盾原则和合取原则。这种回应方式的要点是，p具有足够高的概率并不足以使得相信p是理性的。换句话说，在有些情况下，即使p有很高的概率，但人们依然不应当相信p。亨利就处在这样的情境中。尽管对于任意一张彩票来说，它不中奖的概率都是99%，但亨利相信这张彩票没中奖并不理性。有多种方式可以实现这种回应，一种是通过增加一个原则来阻止这种情况发生。例如，有人可能会坚持认为，当一个由理性信念支持的合取命题的真实性受到另一个理性信念的质疑时，那么接受这个合取命题中的任何一个信念都是不合理的（假设质疑这个合取命题的信念并不针对合取命题中的单个信念）。另一种方式否认纯粹统计证据（如亨利所拥有的那种）足以证明信念是正确的。相反，有些哲学家认为，需要在信念和世界上使信念成真的事实之间建立一种解释性关联。大意是，它通过声称亨利在相信任意一张彩票没中奖时并不理性，从而避免了彩票悖论。这使得人们可以继续接受，相信矛盾是不理性的，而相信某人理性地相信的事物的合取则是理性的。

49

序言悖论：严谨的学者

背景

序言悖论与上一章讨论的彩票悖论相似，但两者不同之处在于，序言悖论并不依赖于概率证据。

【关键词】 序言悖论

莎伦是一位非常严谨的学者，她最近完成了一本潜心研究的著作。这本书已经写完了，她正在做最后的润色。在把书稿寄给出版社之前，她要做的最后一件事是写一篇序言，已经写得差不多了。在序言收尾处，莎伦决定在序言中加入一个典型的声明以显示她的自谦。莎伦写道：

"尽管我已经尽我所能仔细检查了书中的每一个观点，但我只是个普通人，因此书中一定还存在不少错讹。当然，这与为此项目提供了许多帮助的超棒的同事们无关，任何错漏皆是我的过失。"

莎伦在序言末尾所作的声明在学术著作中非常典型。作者们经常会说，尽管他们尽了最大的努力，但作品中肯定还存在错误。这种声明不仅司空见惯，而且似乎任何通情达理的读者都会接受。尽管这样的声明非常普遍，并且貌似也很正确，但却也令人费解。它们似乎表明，作者往往有不一致的信念。毕竟，莎伦相信她著作中的每一个观点，如果她不认为这些观点为真，那么她为什么要提出这些观点？换句话说，她相信观点 1、观点 2，等等。重要的是，由于莎伦治学严谨，她理性地 / 证成地相信自己的每一个观点。因此，对这一系列观点，莎伦全都相信。然而她却说（并且大概相信），在书中提出的这一系列观点中至少有一个是错误的。同样，莎伦似乎理性地 / 证成地相信这件事，因为几乎每一本像她的著作这样有许多观点的书，至少都存在一些错讹。然而这就意味着，莎伦既相信她著作中的每一个观点都为真，同时又相信书中的这些观点并非全部为真。显然，说她著作中的所有观点都为真并且其中有些观点为假，这是不可能的，莎伦的信念是矛盾的。此外，莎伦完全意识到了她的信念中这种明显的不一致，可是她理性地 / 证成地相信她在书中提出的观点，又理性地 / 证成地相信书中存在一些错误。这怎么可能呢？

回应

与彩票悖论类似，序言悖论也运用了合取原则和不矛盾原则（不过，由于序言悖论不以概率为基础，所以它不依赖充分性原则）。在莎伦的信念中存在的问题是，她认为合取原则为真这一信念，与她认为书中至少存在一些错误的信念（她相信合取为假）相悖。序言悖论与彩票悖论都以合取原则和不矛盾原则为前提，鉴于这种相似性，对序言悖论的两种回应方式与对彩票悖论的回应类似。一种回应方式否认不矛盾原则，承认虽然莎伦的信念是矛盾的，但它们仍然是理性的。与彩票悖论不同的是，很多理论家认为序言悖论表明一个人可以拥有矛盾的信念，并且所有这些信念都是得到证成的。

另一种回应则否认合取原则。这种回应认为，尽管莎伦证成地相信她著作中的每一个观点，但她并没有证成地相信所有这些观点的合取。如果莎伦没有得到证成地相信合取，那么她证成地相信合取为假（她的著作存在一些错误）与她的其他信念并不矛盾。

另外还有两种回应，一种回应接受莎伦在此案例中持有的信念，但否认莎伦的信念在此案例中实际上是矛盾的。另一种回应否认莎伦持有序言悖论假设她拥有的得到证成的信念。我们先从后者开始分析。一些人认为，莎伦没有我们一直假设的得到证成的信念，因为她事实上并没有证成地相信她的著作中存在错误。这种回应坚称，莎伦充其量只是证成地相信某些事情，比如这本书也许包含一个错讹，或者这本书可能包含一个错讹。因此，即使莎伦相信她的著作包含错误，这个信念也得不到证成。实践这种回应的另一种方式是坚称，莎伦甚至没有她似乎应有的信念。这种回应认为，莎伦在她著作的序言中所说的话，仅仅表明她承认自己有可能出错，但并不意味着她真的相信自己的书存在错讹。

还有一种回应认为，莎伦拥有产生了悖论的证成的信念，但认为这些信念之间并不矛盾。该回应的一种思路是，尽管莎伦相信她书中所有观点的合取，也相信她在序言中所表达的内容，但在同样的语境下她并没有这些信念。也就是说，某人是否有信念是语境敏感的。这种回应的要旨是，一般来说，某人是否相信某事取决于此人所处的具体语境。因此，一个人可能会在一个语境中相信 p，但在另一个语境中却不相信 p。

229

因此，当莎伦撰写书的主要内容时，她相信她书中的观点，但当她撰写序言时则不相信；反之，她在序言中声称她在该书的主要内容中出了一个错误，也是如此。因此，尽管莎伦拥有产生了悖论的得到证成的信念，但她事实上并没有矛盾的信念，因为她并没有在同一语境中相信这些信念。

50

证据悖论：车祸与抢劫

背景

证据悖论是一个肇始于法律理论背景的知识论谜题。它主要探讨我们该如何看待统计性证据（例如，60% 的 X 是 Y）与非统计性证据（例如，目击者证言）之间的区别。这个问题之所以出现，是因为法律中的一些判定标准可以被量化。最常见的两种法律标准是优势证据（通常是民事诉讼中使用的标准）和排除合理怀疑（通常是刑事诉讼中使用的标准）。我们通常将优势证据理解为任何可能性超过 50% 的证据，而排除合理怀疑通常意味着，被告有罪的可能性为 90% ~ 95%。

在思考证据悖论时，知识论中还有一个更广泛的观点也很重要，就是所谓的概率主义。这是一种内在主义者和外在主义者都普遍接受的认知辩护观点。简单来说，概率主义认为：当你的证据使得某命题 p 为真的概率足够高时，你相信 p 就得到了辩护。在一些理论家看来，概率主义与法律中的举证标准之间的联系尤其清晰，例如证据主义者厄尔·科尼（Earl Conee）和理查德·弗里德曼（Richard Feldman）明确表明，要想具备充分的辩护知道 p，就需要达到类似于刑事诉讼中所要求的那种排除合理怀疑的证据标准，也就是说，p 为真必须具有非常高的概率。

【关键词】 概率主义；统计证据

让我们考虑以下的两个场景。

公交车：金杰开车的时候，被一个鲁莽的公交车司机撞了。不幸的是，由于金杰完全被打了个措手不及，她压根没有看清那辆公交车或司机的样子。她看得出来撞她的是辆公交车，但她有些晕头转向，以致分不清那辆公交车是黑色的还是蓝色的。更糟糕的是，附近也没有目击者或监控摄像头。然而，金杰知道镇上总共只有两家公交车公司。一家全是黑色公交车，另一家全是蓝色公交车。同时，蓝色公交车公司的公交车数量比它的竞争对手多得多，镇上运营的公交车中有85%都隶属于这家公司。

电视：在商店被洗劫的这一天，有人看见弗雷德带着一台新电视离开了商店。同一天，这家商店被抢走了100台电视，但这100台中只有1台实际付了款。不幸的是，付过款的这台电视是现金交易，并且顾客把收据落在了柜台上。同样不幸的是，并没有监控录像记录他的购买过程。

当我们思考类似于"公交车"或"电视"这些情境时，就会出现谜题。例如，假设金杰决定对拥有蓝色公交车的公司提起诉讼，理由是因为她被公交车撞了，并且这家公司拥有镇上85%的公交车。直觉上，她似乎赢不了这场诉讼。然而，与这个案件类似的民事诉讼仅仅需要有优势证据即可（其中一方有过错的概率超过50%）。

类似地，我们再来思考弗雷德事件。假设弗雷德被警方逮捕并受到刑事指控，唯一的证据是，他带着一台电视离开了商店，并且当天从商

第五部分　谜题和悖论

店里被带走的 99% 的电视都是被抢走的。如果基于这些理由他就被判定为抢劫罪并且被处以高额罚款，这似乎是一种严重的不公正。然而，排除合理怀疑通常被简单地理解为，有 90% ~ 95% 的概率表明此人有罪，而弗雷德有罪的概率甚至比这还要大，他偷了那台电视的可能性是 99%。

当我们对公交车和电视的情境设定做一些轻微变化时，证据悖论会变得更加有趣。我们假设在每一个案例中，实际上都存在一个目击者能为所发生的事情作证。我们再进一步假设，这两位目击者与金杰或弗雷德并不认识，并且他们并没有任何理由做伪证。因此，有一个中立的目击者看见金杰被一辆公交车撞倒，并且目击者说撞她的是辆蓝色公交车。还有一个中立的目击者说，弗雷德并没有购买而是抢劫了电视。我们现在应当怎么看待这两个案例呢？大多数人认为，现在有充分的理由判定公交车公司赔偿金杰，也有充分的理由判定弗雷德犯有抢劫罪。令人不解的是，我们知道目击者的证词并不可靠。事实上，如果一个目击者声称有人偷了电视，那么这个人真的偷电视的可能性很可能不到 99%（并且只根据一个细节，这个目击者的说辞可能没法使"一辆特定颜色的公交车卷入肇事逃逸事故"的可能性超过 85%）。因此，这给我们留下了一个谜题：为什么使弗雷德有 99% 的可能性抢劫了电视的统计证据无法给他充分定罪，但是仅凭一个甚至无法为弗雷德抢劫电视提供 99% 可能性的目击者的证据，却足以给他定罪？这就是证据悖论。

正如本章背景所述，证据悖论除了在法律语境中引起了应用知识论的挑战外，还存在一个更普遍的挑战。概率主义认为，仅仅依据统计证据，我们应当相信弗雷德抢了电视（有很多形式也表明，我们应当相信

233

是一辆蓝色的公交车撞了金杰）。然而，从直觉上看，我们又不应当相信弗雷德抢了电视。尽管如此，一旦有目击者告诉我们弗雷德盗窃了电视，似乎我们就有充分的证据相信他做了这件事，即使这一证据没办法使他抢劫行为的可能性与纯粹统计证据的可能性保持一致。

回应

对证据悖论的一种回应坚称，为了使证据在法律语境中是充分的（可能在认知语境中也是如此），该证据与所涉及的主张之间必须存在因果关联。例如，在公交车案中，我们之所以认为目击证词足以支持金杰，是因为公交车是蓝色的这一事实是导致目击者作出相关证词的原因。统计证据未能满足这一要求，因为撞上金杰的公交车的颜色与镇上85%的公交车是蓝色的这一统计事实之间，没有因果关系。因此，这种回应指出，我们之所以在公交车和电视两个案例中拥有这样的直觉，是因为统计证据与所讨论的主张之间缺乏有效的因果关联。

另一种回应诉诸敏感性。这一观点表明，为使证据符合实际的法律标准，情况必须是这样：如果所讨论的主张是假的，证据就不存在。例如，如果弗雷德没有抢劫电视，目击者也不会说他抢了。然而，即使弗雷德没有抢电视，考虑到他带着电视走出商店那天被抢的电视数量，他抢电视的可能性仍然有99%。

还有一种回应接受这种观点，即某人的证据包含且仅包含他所知道的一切。在本案例中，当目击者告诉我们弗雷德抢了电视，我们就知道，他确实抢了。因此，这一证据支持为他定罪。然而，当我们了解到他抢劫电视的可能性只是 99% 时，我们就没有他抢劫电视的证据了。相反，我们只是知道他抢劫电视的概率是 99%。

与前三种回应不同，有一种对证据悖论的回应选择放弃概率主义。根据这种观点，我们不应当认为，只要证据使 p 足够可能，它就可以证明相信 p 是合理的。相反，如果证据已经获得但是 p 为假，我们应当认为，只有在反常的情况下，证据才支持 p。例如，如果目击者称，一辆蓝色公交车撞了金杰，但蓝色公交车其实并没有撞到金杰，那么反常的情况就发生了。这就需要解释，目击者是不是弄错了？他们被金杰收买了吗？还是有别的什么原因？然而，如果统计证据仅仅表明 85% 的公交车是蓝色的，但是没有一辆蓝色的公交车撞到金杰，那就不需要再解释了。

Epistemology: 50 Puzzles, Paradoxes, and Thought Experiments by Kevin McCain/ISBN:978-0-367-63872-6

Copyright © 2022 Kevin McCain

Authorized translation from English language edition published by Routledge, an imprint of Taylor & Francis Group LLC.

All Rights Reserved.

本书原版由 Taylor & Francis 出版集团旗下 Routledge 出版公司出版，并经其授权翻译出版。版权所有，侵权必究。

China Renmin University Press Co., Ltd. is authorized to publish and distribute exclusively the Chinese (Simplified Characters) language edition. This edition is authorised for sale throughout the mainland of China. No part of the publication may be reproduced or distributed by any means, or stored in a database or retrieval system, without the prior written permission of the publisher.

本书中文简体翻译版授权由中国人民大学出版社独家出版并仅限在中国大陆地区销售。未经出版者书面许可，不得以任何方式复制或发行本书的任何部分。

Copies of this book sold without a Taylor & Francis sticker on the cover are unauthorized and illegal.

本书封底贴有 Taylor & Francis 公司防伪标签，无标签者不得销售。

北京阅想时代文化发展有限责任公司为中国人民大学出版社有限公司下属的商业新知事业部，致力于经管类优秀出版物（外版书为主）的策划及出版，主要涉及经济管理、金融、投资理财、心理学、成功励志、生活等出版领域，下设"阅想·商业""阅想·财富""阅想·新知""阅想·心理""阅想·生活"以及"阅想·人文"等多条产品线，致力于为国内商业人士提供涵盖先进、前沿的管理理念和思想的专业类图书和趋势类图书，同时也为满足商业人士的内心诉求，打造一系列提倡心理和生活健康的心理学图书和生活管理类图书。

《思辨与立场：生活中无处不在的批判性思维工具（第2版·经典珍藏版）》

- 风靡全美的思维方法、国际公认的批判性思维权威大师的扛鼎之作。
- 带给你对人类思维最深刻的洞察和最佳思考。

《理性思辨：如何在非理性世界里做一个理性思考者》

- 英国畅销哲普大师、畅销书《你以为你以为的就是你以为的吗？》的作者朱利安·巴吉尼最新力作。
- 以一种更温和的理性去质疑和思辨，会更有力量，也更有价值。

《逻辑思维经典入门》

- 一本适合反复阅读的逻辑思维经典入门读物。
- 美国"新思想运动之父"、心理学思潮先驱写给大众的认知高阶思维——逻辑常识普及书。
- 逻辑思维是所有学科之母,逻辑思维能力决定了我们与领导、同事、家人、推销者及陌生人的沟通与相处方式,决定了我们对权威论断和新鲜观点的态度,从而深度影响我们的日常决策和行动。

《思维病:跳出思考陷阱的七个良方》

- 美国知名思维教练经全球数十万人验证有效的、根除思维病的七个对策。
- 拆解一切思维问题,助你成为问题解决高手。

《真相永远只有一个:跟柯南学逻辑推理》

- 逻辑推理能力 = 信息搜集力 + 问题分析力 + 判断准确性 + 问题解决力。
- 本书作者以备受读者欢迎的漫画《名侦探柯南》中的经典桥段为基础,搭配图解说明,娓娓道来逻辑思维的思考方式、形成过程和应用场景。无论你是初次接触逻辑思维,抑或全然不知其为何物,本书都将对你的思维提升大有帮助。